LES HAUTS LIEUX DE L'OPÉRA

Collection dirigée par

Alain Duault

en collaboration avec

Agnès de Gorter

Illustration de la couverture : La Salle de bal, acte I, scène 20. Décors de A. M. Cassandre pour le Don Giovanni *de Mozart.*

LE FESTIVAL D'AIX-EN-PROVENCE

Alain Gueullette

LE FESTIVAL D'AIX-EN-PROVENCE

Sand

A Paris 2e, rue du Mail, nº 6

I.S.B.N. 2-7107-0438-2

A la mémoire de Narduche

Remerciements

L'auteur tient — avant tout propos — à exprimer ici ses remerciements à ceux qui l'ont aidé de leurs témoignages et de leur appui dans la tâche délicate de retracer plus de quarante ans d'aventures artistiques et de bonheurs sous le ciel d'Aix.

Son hommage va en premier lieu à Monsieur Gabriel Dussurget, sans qui ce livre n'aurait pas eu de raison d'être.

Il adresse aussi l'expression de sa gratitude particulière :

à Monsieur Bernard Lefort,

à Messieurs Louis Erlo, Jean-Louis Pujol, Hervé Grillet, Michel Lecat, à Madame Jeanne-Marie Torrès et à toute l'équipe de gestion du Festival,

à Madame Edmonde Charles-Roux,

à Maître Jacques Lachaud,

à Monsieur Pierre Gay,

à Monsieur Gérard Khoury et à l'Association des Amis du Festival,

à Madame Fabienne Pons et à l'Office municipal du tourisme,

à Monsieur Gérard Le Berre,

à Mademoiselle Catherine Heuls,

à Madame Chantal Fontanet.

Prologue

Évoquer l'histoire et les richesses du Festival d'Aix, c'est raconter et tenter de faire partager une histoire d'amour. Depuis plus de quarante ans, la musique, les voix et le spectacle lyrique se sont emparés de ce site privilégié, de ce lieu d'élection.

La découverte d'Aix est déjà en soi un coup de foudre, auquel bien peu ont résisté, moins encore lorsque s'y mêle l'attente des joies de la musique et du spectacle, dans ce cadre aux aspects multiples, sous ce climat qui l'exalte.

Premiers pas entre les façades ocres, crûment éclairées par l'éclat de l'été, grilles et encorbellements, places et fontaines soudain offertes au détour des rues, jeu de la pierre, de l'eau et du fer forgé, brusques découpages, entre les toitures à tuiles rondes et les clochers jaillis ici et là, d'un ciel au bleu intransigeant, premières déambulations sous les ombrages miroitants du cours Mirabeau, nef de platanes, havre de fraîcheur... Et, dans l'air du soir, c'est la montée vers l'Archevêché, lieu majeur de la fête, ou vers telle cour aux nobles façades dont l'ordonnance classique s'adoucit de la grâce du baroque, le cheminement vers tel cloître ou tel jardin.

Les correspondances privilégiées entre l'univers mozartien et cette ville que le musicien n'a pas connue, mais qui s'est ouverte à lui, plus d'un siècle et demi après sa mort, apparaissent comme des évidences: l'harmonie et la plénitude des ensembles, le lyrisme et la lumière, mais aussi les ombres dissimulées derrière ses hautes fenêtres ou ses ruelles étroites.

Il y a de plus en Aix une qualité de jubilation discrète qui, au-delà de Mozart, ouvre la porte à toutes les forces vives de l'expression artistique, à toutes les formes de la musique d'hier et d'aujourd'hui qui exaltent, dans le respect de son échelle et de son esprit, l'initiative, la vitalité, le sens de la fête.

C'est ce contexte qui rend le Festival d'Aix irremplaçable. Ce petit livre — voyage dans le temps comme dans l'espace — s'adresse à tous ceux qui ont connu le Festival, pour raviver et préciser leurs souvenirs, mais tout autant à ceux qui n'ont pas encore eu la chance de vivre les bonheurs d'Aix, pour qu'ils y rêvent... ou qu'ils y viennent.

AIX-EN-PROVENCE,
UNE HISTOIRE

Première époque
1948-1972

L'ère des miracles autour de Mozart

Chapitre Premier

La genèse - le premier festival : 1949

Pourquoi un festival a-t-il pris racine à Aix-en-Provence ? Pourquoi Mozart y a-t-il trouvé une terre d'élection ?

Si, tous les ans, la grand-messe wagnérienne se déroule sur la colline de Bayreuth, c'est le fruit de la volonté du compositeur lui-même, qui a quasiment inventé, au siècle dernier, le concept de *festival* pour son propre compte, en a choisi le lieu et y a fait édifier le théâtre conçu par lui à cette fin. Si, au début de notre siècle, Richard Strauss, Hugo von Hofmannsthal et Max Reinhardt, avec d'autres, ont institutionnalisé et développé en forme de festival les manifestations musicales, lyriques et dramatiques qui depuis longtemps fleurissaient dans la ville natale de Mozart, c'est que Salzbourg constituait depuis des siècles, sous l'impulsion de ses princes-archevêques et de ses notables, un foyer de vie musicale et dramaturgique très intense entre Vienne et Munich.

Même si la cité peut s'enorgueillir d'avoir été le berceau de musiciens français célèbres, de Campra à Darius Milhaud, aucune tradition d'activité musicale intense, aucun lieu prédéfini, aucune

Le Beffroi de l'Hôtel de Ville d'Aix.

volonté préétablie n'ont présidé à la naissance du Festival d'Aix, il y a maintenant quarante ans. L'enchaînement de circonstances que nous allons narrer pourrait s'appeler le *hasard*. Mais le hasard est-il autre chose que l'accomplissement de noces mystérieuses et prédestinées entre les lieux et les hommes ?...

L'aventure débute à Marseille, dans les derniers jours de 1947, lorsque Gabriel Dussurget, accompagné de son ami et associé Henri Lambert, franchit le seuil du domaine de Montredon, fief de la comtesse Pastré.

Personnalité haute en couleur, tempétueuse, volcanique, passionnée de musique, riche non seulement de sa fortune mais de cette hospitalité russe, impulsive et généreuse, qu'elle avait offerte aux opprimés pendant la guerre, aux artistes ensuite, Lily Pastré avait saisi au bond l'idée, qui était en l'air, de créer un festival de musique à Marseille ; elle avait invité les deux hommes à passer à Montredon les fêtes de fin d'année pour l'aider à promouvoir ce projet.

La comtesse Pastré avait connu Gabriel Düssurget dans l'un de ces salons parisiens où fréquentaient les célébrités de l'art, du spectacle et de la littérature. D'une élégante pudeur, confinant à la timidité, Gabriel Dussurget était aussi un homme de passion, doté d'une exquise sensibilité artistique et d'une acuité toute particulière à percevoir les vraies valeurs de la musique et, dans le domaine du théâtre lyrique, la qualité des voix et l'adéquation des interprètes à leurs rôles. Il avait été à bonne école, fréquentant très jeune le Théâtre des Champs-Élysées et ceux qui l'animaient, plus tard les milieux musicaux de Vienne et de Salzbourg, comme de Paris, de Milan et de Venise, lieu de prédilection qu'il habite régulièrement tout au long des années trente. À quarante-deux ans, il a déjà à son actif de prestigieuses initiatives : à Paris, sous l'Occupation, tandis que déferlaient sur la capitale les grandes formations musicales germaniques, il constituait avec Henri Lambert et deux autres amis un Bureau de concerts et faisait découvrir au public de la Salle Gaveau, du Théâtre des Champs-Élysées, du Théâtre de l'Œuvre ou du Théâtre Sarah-Bernhardt de jeunes interprètes français tels que Jacques Jansen, Doda Conrad, Maurice Gendron ou Yvonne Loriod, et des compositeurs de l'envergure d'Olivier Messiaen. Il fondait aussi une École d'art dramatique avec Madeleine Renaud, Jean-Louis Barrault, Pierre Bertin et Raymond Rouleau. Au lendemain de la guerre, il a participé à la création et à l'activité des Ballets animés par Roland Petit au Théâtre des Champs-Élysées, où il assura, en outre, la rentrée à Paris de l'Opéra de Vienne.

Après quelques jours passés à Marseille en recherches peu convaincantes, Lily Pastré songe soudain à Aix-en-Provence. Aix est, à l'époque, une petite ville un peu somnolente, groupant environ quarante mille habitants autour de ses magistrats, de ses étudiants en lettres et en droit, des curistes attirés par ses eaux thermales. Mais ville-trésor, riche du passé patricien qui lui vaut un exceptionnel patrimoine architectural: places et parvis ornés de fontaines, hôtels classiques et baroques avec leurs cours et jardins intérieurs, harmonie des cheminements dans les vieilles rues hautes et étroites, églises et beffrois dressés comme autant de repères indiquant et protégeant les voûtes basses et cachées d'un passé plus lointain. Tout cela enserré dans un boulevard circulaire qui en protège l'homogénéité, irrigué par la prestigieuse artère centrale d'où se déploie le lacis de ses rues: le cours Mirabeau.

Lily Pastré, Gabriel Dussurget et Henri Lambert décident d'aller explorer les lieux. Aussitôt dit, aussitôt fait: les trente kilomètres qui séparent Marseille d'Aix sont vite franchis et voici notre étrange trio — ces deux hommes minces escortant la monumentale silhouette de la comtesse Pastré — qui débarque sur le cours Mirabeau et commence à arpenter rues, places et cours, repérant ici et là les espaces propres à accueillir concerts, sérénades et récitals; de détours en détours, nos trois complices atteignent le haut de la vieille ville, le pied de la cathédrale Saint-Sauveur, vaisseau amiral de la cité. Ils découvrent, blotti contre son flanc, le merveilleux petit cloître à double colonnade, son espace intime, rehaussé de lauriers roses, et le portail richement orné du palais archiépiscopal. Une fois franchis les vantaux mordorés de la porte d'accès, parcouru le long porche frais et ombreux, passée la grille qui en marque le terme, ils débouchent dans la cour de l'Archevêché... Et c'est la révélation! Là se situe le haut lieu du futur festival. C'est là que battra son cœur: ampleur douce et calme entre les hautes fenêtres, large espace qui reste familier, attendri qu'il est par les frondaisons d'un platane, finesse des résonances.

Le sort en est jeté: le premier festival d'Aix-en-Provence aura lieu en juillet 1948. Il reste six mois pour en définir le programme, le mettre en œuvre... et trouver l'argent nécessaire!

Nouveau concours de circonstances: Aix, ville thermale, est dotée d'un casino municipal, nanti d'une confortable clientèle. Or, un décret récemment paru incitait ces établissements — en échange d'appréciables détaxes fiscales — à organiser des « manifestations artistiques de qualité ». Opportunité providentielle! Gabriel Dussurget et Henri Lambert vont exposer leur projet de festival au directeur du casino, Jean Bertrand, qui les adresse à l'administrateur concerné Roger Bigonnet. Celui-ci manifeste aussitôt un vif intérêt et Gabriel Dussurget va trouver en lui, pendant quinze ans, un maître d'ouvrage efficace et un interlocuteur parfois difficile, mais à l'enthousiasme inlassable. Ayant obtenu de Gabriel Dussurget dès janvier 1948 une proposition de pro-

Les fondateurs : de gauche à droite, Hans Rosbaud, Gabriel Dussurget, Roger Bigonnet et Henri Lambert.

gramme et un budget, Roger Bigonnet fera attendre sa décision... jusqu'en avril. Une fois décidé, c'est lui qui demandera à ce qu'au programme de concerts retenu s'ajoute un opéra ! Il reste trois mois. Gabriel Dussurget choisit *Cosi fan tutte** de Mozart et fait immédiatement appel à Marisa Morel, dont la compagnie — installée en Suisse — était récemment venue présenter *Cosi* à Paris. Marisa Morel accepte de réunir à la hâte une distribution de fortune, que Gabriel Dussurget fait travailler d'arrache-pied. Simultanément, il recrute à Aix même les choristes — élèves du conservatoire local et amateurs — dont il a besoin. Il s'est aussi rendu à Baden-Baden et a obtenu d'emblée la participation de Hans Rosbaud, récemment nommé à la tête de l'Orchestre du

* Œuvre quasi inconnue du public français, *Cosi fan tutte* n'avait pas été représentée à l'Opéra-Comique depuis... 1926 ! Seuls quelques Parisiens privilégiés avaient pu voir les rarissimes représentations de l'Opéra de Vienne et, en 1947, celles de la Compagnie Marisa Morel.

Südwestfunk, pour diriger *Cosi* et un concert Mozart à la tête des Cadets du Conservatoire. Il ne manque plus qu'une estrade et un décor pour assurer la représentation. Gabriel Dussurget s'adresse au peintre Georges Wakhevitch: « Wakhevitch était un ami de longue date et de surcroît mon voisin. Il a bien voulu accepter de dessiner un baldaquin, quelques plumes... en somme un petit décor pour que la représentation puisse avoir lieu. On avait fait mettre des bancs dans la cour, des gradins à peine surélevés. Le décor était planté dans un angle de l'ancien hangar qui servait de coulisse. Wakhevitch, pour donner un fond à la scène, avait peint lui-même les murs. » *

Le premier festival de musique d'Aix-en-Provence a lieu du 23 au 30 juillet 1948. Au programme: deux concerts symphoniques, un concert-sérénade et une (ou deux) représentation(s) de *Cosi fan tutte* dans la cour de l'Archevêché; un concert spirituel dans la cathédrale Saint-Sauveur; deux récitals et quatre concerts de musique de chambre en divers lieux de la ville et jusqu'à ce Jas de Bouffan, fière bâtisse plantée dans sa « campagne », où Cézanne vécut une partie de sa jeunesse et qu'il immortalisa par maintes toiles célèbres. Mozart se taillait la part du lion (le programme s'intitulait d'ailleurs « festival Mozart »), mais l'on entendait aussi Bach et Rameau, les clavecinistes français des XVIIe et XVIIIe siècles, Dukas, Ravel et Darius Milhaud, auquel un concert était consacré. Hans Rosbaud,

* Les propos de Gabriel Dussurget qui émaillent ce récit sont tirés soit de la plaquette éditée par la Direction du Festival pour son trentième anniversaire (1978), soit du numéro de *L'Avant-Scène Opéra* consacré à *Mithridate* (Supplément: *Mozart à Aix*, n° 54, 1983), soit de conversations avec l'auteur.

Ernest Bour et Pierre-Michel Le Conte se relayaient à la tête des « Cadets du Conservatoire ». Parmi les interprètes figuraient le Nuovo Quartetto Italiano. l'organiste Bernard Gavoty, les pianistes Jean Doyen et Pierre Barbizet (jeune inconnu, dont la carrière internationale a été ce que l'on sait) et l'immense musicienne qu'était Clara Haskil, protégée et aidée par la comtesse Pastré depuis des années contre les vicissitudes du sort et de la maladie; Clara Haskil qui, à cinquante-trois ans, ne connaissait pas encore la célébrité et n'avait pas entamé sa véritable carrière internationale, aussi brève que tardive, hélas!

Gabriel Dussurget entre Graziella Sciutti et la comtesse Pastré.

En dépit du scepticisme, des réticences et des mises en garde de la « bonne société » d'Aix, de Marseille et d'ailleurs, (« c'était folie de créer un festival Mozart à Aix »), ce premier festival se révèle un succès. Hormis un petit noyau d'initiés entraînés par la comtesse Pastré et ses amis, le public était essentiellement composé d'amateurs plus ou moins avertis, de curieux et d'estivants de passage. Le bilan financier s'avère, en outre, satisfaisant. Roger Bigonnet exulte et charge aussitôt son directeur artistique, Gabriel Dussurget, de préparer la saison de l'année suivante, avec des visées nettement plus ambitieuses : les concerts se multiplieront et un nouvel opéra sera monté, avec une distribution de haut niveau. La cause est entendue : ce sera *Don Giovanni*, le Don Juan de Mozart.

Chapitre deux

1948 : *Don Giovanni* - l'envol

Gabriel Dussurget fait, cette fois, appel à un autre de ses amis peintres : Cassandre, artiste qui cache sous la forme apparemment classique de l'expression une intensité orageuse. Cette définition même l'apparente à la partition et à la vérité dramatique de *Don Giovanni*. En outre, il connaît très bien l'œuvre et, conscient de ses exigences, estime indispensable de concevoir non pas de simples décors, mais un véritable lieu scénique, ... un théâtre, en somme ! Écoutons-le : « Au moment où les organisateurs du Festival International de Musique d'Aix-en-Provence me demandaient la décoration du *Don Giovanni* de Mozart, il n'y avait pas de théâtre d'opéra à Aix, mais seulement une cour, celle de l'ancien Archevêché. Sans doute cette cour était-elle douée d'une assez remarquable acoustique, et pouvait-on y élever, comme on me le proposait, une estrade et un dispositif architectural fixe utilisant comme fond l'une des façades intérieures. Je fis observer qu'il me semblait difficile, sinon impossible de représenter l'opéra de Mozart, où l'alternance et l'opposition des différents lieux dramatiques occupaient une partie si essentielle de la structure, sur une scène aussi sommaire et dans un décor unique, fût-il palladien... Les organisateurs du Festival me chargèrent alors d'imaginer, en même temps que les décors de *Don Giovanni*, le théâtre en plein air sur lequel il serait possible de présenter l'ouvrage selon la conception scénique que je leur avais exposée, conception qui, en vérité, n'était autre que celle des premières représentations au XVIIIe siècle »*.

Proposition acceptée. Tandis que Cassandre se met à l'œuvre, Gabriel Dussurget s'attache, dès la fin de l'été, à constituer sa distribution. À l'automne, il est à Milan, en compagnie de Hans Rosbaud, pour détecter de jeunes talents que lui présente un imprésario de la ville, Mlle Adda Finzi. Il y retrouve aussi Marcello Cortis, chanteur qu'il avait déjà vu en scène et qui se propose pour le rôle de Don Juan. Simultanément, Cortis tient à lui faire entendre un baryton débutant qu'il tient en haute estime, Renato Capecchi, en suggérant que celui-ci assume le rôle du valet, Leporello. Retournement de situation: apès avoir entendu Capecchi, Gabriel Dussurget va bien engager les deux artistes pour former le « couple » Don Juan-Leporello, mais en inversant les rôles. Capecchi se révélera un Don Juan étincelant et Cortis le Leporello le plus férocement gouailleur que l'on puisse rêver. Leurs silhouettes respectives, leurs tessitures et les caractéristiques de leurs voix imposent ce choix à l'évidence. Et Cortis, aussi intelligent que subtil musicien, se rallie à cette évidence. Le couple triomphera en 1949 et en 1950. Autour d'eux seront rassemblés des interprètes de haute volée, tels que Clara Ebers, Suzanne Danco et la Viennoise Emmy Loose, Zerlina exquise de piquant et de sensualité. Une basse de vingt-neuf ans, le Bulgare Raffaele Arie, qui vient de débuter à la Scala de Milan, prêtera au Commandeur sa stature altière et une voix

* Cf. *Décor de Don Juan*, essai de Pierre-Jean Jouve, avec un commentaire de Cassandre, éd. René Kister, Genève, 1957.

Renato Capecchi et Marcello Cortis en coulisses, lors du premier Don Giovanni.

puissante dont la couleur un peu blanche devient ici un atout, accentuant l'immatérialité du personnage (il sera, peu d'années après, le Commandeur de Salzbourg parallèlement à celui d'Aix). Jean Meyer, sociétaire de la Comédie Française, va mettre l'équipe en scène dans les décors de Cassandre avec une science consommée, où la stylisation des mouvements le dispute à la précision des rapports scéniques.

En juillet 1949, au terme de huit mois de travail acharné et au milieu d'une floraison accrue de concerts, le rideau du deuxième festival d'Aix se lève sur *Don Giovanni.* Ébahissement, triomphe, émerveillement : c'est le miracle... et sur une scène qui n'a que sept mètres de profondeur !

Pénétrons dans la cour de l'Archevêché avec Pierre-Jean Jouve : « ... On entrait dans la chaleur du soir, par cette place pleine de feux, des réflecteurs en haut des platanes, et les rayons sur l'auguste porte de l'ancien Archevêché devenue de miel et d'or. Puis le passage intérieur couleur de fête et rouge, une grille monumentale, puis le parterre du théâtre que l'on abordait près de la fosse d'orchestre. Salle fourmillante aux armatures de bois blanc, dont le plafond était le ciel sombre étoilé. Sur un des côtés de la cour vétuste (cour habitée, avec des gens aux fenêtres) le théâtre construit, paraissant aussi vénérable que la cour; deux parois bien imitées enfermant la scène, portant à la corniche des pots-à-feu comme on en voit sur certains palais de la ville d'Aix; tandis qu'un grand platane transperçait les galeries d'étage avec son geste de très vieil arbre; le rideau peint frappé par la rampe, où les neuf coups allaient se faire entendre. L'orchestre s'emparait de l'air; et l'action commencée, un second système d'architecture apparaissait, lui-même intimement accordé à la cour du palais, à la chaleur, à la nuit, et qui était la cour du palais du Commandeur ornée de pots-à-feu sur ses corniches. Ou les perspectives éloignées d'un village, d'un pays du midi; ou les jardins fermés; ou des salles de fête. Scène petite et grande. Des personnages saillants, d'une dimension particulière, se plaçaient dans la Musique en un espace juste, tandis que leur éclatant tableau recevait, par en haut, le démenti de la nuit. Une visibilité extrême en raison de ce contraste. Sentiment d'une féerie réelle, humaine, et par là plus universelle que la nuit.

Le décor de A. M. Cassandre pour *Don Giovanni* est en harmonie parfaite avec le théâtre du Festival d'Aix, œuvre de Cassandre, et en accord de beauté avec maint ouvrage des grands siècles sous la lumière de la ville. »*

« Un décor de *Don Giovanni* doit être brillant d'abord — d'un brillant angoissé », dit ailleurs Pierre-Jean Jouve. L'angoisse des décors de Cassandre réside d'abord dans la vibration ambiguë, diffuse, qui émane — d'un bout à l'autre du spectacle — du rideau de lointain, quelles que soient les colorations et les éléments du décor qui

* *Décor de Don Juan, op. cit.*

Le théâtre de Cassandre vu de face.

le cachent pour une plus ou moins grande part d'un tableau à l'autre. Elle est, ensuite, non plus insidieuse mais ouvertement affirmée, dans la lumière glauque — nuit sinistre — qui baigne les pierres solennelles du palais du Commandeur et, plus tard, celles du cimetière; dans le cramoisi et les bruns sombres de l'étouffante chambre d'Anna. Elle est enfin dans les menaçants assombrissements de l'éclairage qui viennent modifier la physionomie initialement riante des autres tableaux. Quant au brillant, il éclate de toutes parts: dans la rue du village baignée d'une radieuse lumière, dans la façade aristocratique du *casinetto*, dans la salle du bal ou dans celle du souper, enluminées de lustres, de guirlandes, de fines colonnettes et de draperies, avec un clin d'œil aux « décors Bérain », ces six tapisseries (les Grotesques) que présente, derrière les fenêtres de la cour, le musée de l'Archevêché! Brillantissime aussi la construction graphique de ces décors, dictée par l'absence de profondeur de la scène: fermes et chassis mobiles à l'italienne permettant — par glissements latéraux — les changements à vue et porteurs de perspectives à fuite très rapide, d'un effet optique saisissant. Cassandre explique lui-même le surcroît d'expression théâtrale ainsi engendré, tant pour l'évocation des espaces successifs qu'au profit des personnages, qui y gagnent un relief et une présence inaccoutumés: « le tracé perspectif, dépassant en l'exaspérant l'artifice d'illusion habituel, devenait ainsi une sorte de "contrepoint" graphique, qui pouvait suivre dans leur mouvement les alternances si affirmées du *dramma giocoso* entre le *serioso* et le *buffo*, l'Aria et le Récitatif, la vivacité du jour et la profondeur de la nuit [...]. Utilisée seulement comme moyen de figuration allusive [...], cette perspective linéaire devenait également un moyen d'amplification au bénéfice de l'acteur. Permettant de réduire dans leurs proportions, jusqu'à l'extrême limite du réel, certains éléments figurés, elle réalisait une sorte de tremplin qui projetait l'acteur vers le public, en lui donnant la dimension insolite nécessaire au théâtre, en haussant sa *forme* jusqu'au plan même du *chant*. De plus, comme elle enchâssait l'acteur dans un monde fictif (*à deux dimensions réelles*, mais où la troisième n'était qu'illusion graphique), cette pers-

Cassandre devant la scène.

pective permettait à un regard complice d'exalter la réalité plastique du personnage, de lui conférer, et à lui seul, cette transcendante présence qui est, je crois, une des conditions premières de la cérémonie dramatique. »

Ces personnages qu'il *projette* ainsi vers les spectateurs, Cassandre leur confère aussi par le costume des silhouettes archétypiques, révélatrices de leur nature : rondeurs affaissées de Leporello, sveltesse d'un Don Juan juvénile et mordant, moulé de blanc. revêtu de pourpre, portant haut son étonnante perruque poudrée aux reflets d'argent, qui l'apparente presque par instants à quelque irresponsable muscadin, aux antipodes de la noirceur traditionnelle du séducteur farouche ; Elvire engoncée dans ses vêtements et dans son obstination véhémente, ampleur majestueuse des robes d'Anna, comme si l'apparat la protégeait d'elle-même, rigueur soignée et sévère d'un Ottavio qui semble sorti d'une gravure, découpe imposante de la statue du Commandeur dressée dans sa superbe... Datés d'un XVIIIe siècle finissant, ces costumes du temps de Mozart ou de l'après-Mozart revêtent, en outre, les personnages et leurs affrontements d'une sorte de *modernité d'époque*.

Une telle invention théâtrale eût suffi à ce que le *Don Giovanni* de 1949 constituât un événement. Enrichi d'une distribution de grande envergure, que dominaient deux formidables « bêtes de théâtre » : Renato Capecchi et Marcello Cortis, porté à l'incandescence par la précision incisive, la fougue et la finesse de Hans Rosbaud, ce spectacle fut pour beaucoup une révélation. De bouche à oreille, le bruit se répandit vite que le Don Juan d'Aix était du « jamais vu ». Rumeur qui, dans cette phase initiale, va toucher au premier chef toute une *intelligentsia* d'écrivains, de musiciens, de peintres dont l'intérêt passionné soutiendra le développement du festival et en amplifiera l'écho. François Mauriac, présent dès 1949, sera le ferment de ce processus.

D'un coup, le festival d'Aix prenait l'altitude à laquelle il allait croître et s'épanouir, celle du « Salzbourg français ». Et le cadre génialement conçu par Cassandre allait devenir, pour de longues années, l'écrin d'enchantements sans cesse renouvelés.

Georges Auric en grande discussion avec François Mauriac.

Premier Interlude

Présent dès 1949, François Mauriac aura apporté à l'essor du festival son aura d'écrivain, sa plume de chroniqueur, l'autorité de sa conscience. Comment résister au plaisir de reproduire son évocation du Don Juan *d'Aix, tel qu'il s'apprête à le retrouver en 1950 ?*

Don Juan aux étoiles

« Au premier rendez-vous que Don Juan *nous avait donné à Aix, nous étions venus avec une curiosité inquiète. Nous ne connaissions ni le nom qu'il portait à la ville, ni le son de sa voix, ni la couleur de son plumage. Aujourd'hui, nous nous hâtons vers le second rendez-vous, assuré de notre plaisir. La divine musique, délivrée de l'atmosphère confinée du théâtre, monte vers les étoiles et le ciel nocturne l'accueille et la commente.*

*« À Aix, nous passons insensiblement des décors de Cassandre aux constellations sombrement sereines, comme la musique de Mozart unit aux folies de l'*opera-buffa, *aux guitares sous le balcon espagnol, le silence des morts tragiquement rompu par la voix sainte et terrible du Commandeur.*

tant, une seconde avant que la main du Commandeur s'abatte sur son épaule, de devenir un autre que lui-même.

«Dans Don Juan, *la vengeance de Dieu est masquée, et c'est le crime qui, naïf et confiant,*

«Je croyais tout connaître, depuis la révélation que j'en eus à Salzbourg en 1937, de cet enchantement à aucune seconde interrompu que le seul Don Juan *m'impose ; mais à Aix, cet aspect du* dramma giocoso *m'a frappé : il a beau confondre dans un même personnage, le charme, le comique, l'imposture, le crime, l'impénitence finale, il n'y a là aucun contraste recherché ni provoqué à la manière romantique. Les jeux du ciel et de l'enfer ici ne s'opposent pas, ils ne créent qu'un seul tissu aux mailles serrées, une tunique sans couture comme celle du Fils de l'homme : le destin de Don Juan l'enveloppe tout entier ; la musique à aucun moment ne se dédouble ; elle exprime totalement et à chaque instant l'angoisse enivrée du criminel beau et charmant qui se nourrit de proies humaines sous le regard d'un Dieu patient dont la justice commence à se manifester dès ici-bas.*

«Don Juan à Aix, un peu trop jeune pour le rôle, traduit mieux qu'ailleurs cet aspect (oserai-je dire janséniste ?) du drame. Plus mûr, nous le sentirions plus délibérément résolu à faire le brave contre Dieu, et donc aussi plus responsable. Mais ce jeune renard d'Aix, au moment où la griffe de Dieu va s'abattre sur sa maigre échine, nous savons bien, même s'il est invité une dernière fois à se repentir, qu'il n'est pas libre de renoncer à assouvir cette soif qu'il a de sang frais : Don Juan *ou les inutiles délais de la Grâce. Il ne peut lui servir à rien de savoir que d'autres sont vertueux et que Dieu est du côté des vertueux, mais il demeure libre pour-*

lui ouvre les portes de son beau palais. Ainsi la chaude nuit d'été, les constellations palpitantes se font complices de la passion des hommes. La présence des étoiles au-dessus du théâtre d'Aix nous aide à entrer plus avant dans le mystère de cette musique dont l'enchantement même est un leurre puisqu'elle dissimule une justice aussi implacable que notre destin et qui a soin de nous enlever jusqu'à l'excuse de n'avoir pas été avertis. On dirait que Donna Elvire, à la dernière seconde, ne vient supplier Don Juan de se repentir que pour le perdre plus sûrement, puisqu'un renard ne se repent jamais d'être un renard, ni Don Juan d'être Don Juan.»

François Mauriac
de l'Académie française
in Programme du IIIe Festival International de Musique, *Aix-en-Provence, 1950*

Le théâtre enchanteur inventé par Cassan

…s d'un récital de Suzanne Danco.

Chapitre trois

L'équipe au travail et ses « fans »

La nouvelle envergure immédiatement donnée au festival à la suite de l'année test (1948) impliquait la constitution sans délai d'une équipe convaincue et soudée par la même ferveur pour concevoir, mettre en œuvre et gérer les programmes des années suivantes, qui allaient faire très rapidement la gloire d'Aix.

Le festival avait en la personne de Roger Bigonnet son *grand argentier*. Envoûté par l'aventure, Roger Bigonnet, administrateur du Casino municipal et devenu administrateur général du Festival, saura, pendant quinze ans, tirer de l'Établissement de jeux le maximum de subsides afin de répondre aux exigences de plus en plus larges qu'impliquait l'entreprise. Mécène éclairé, il s'y dévouera corps et âme.

Le directeur artistique, c'est — bien entendu — Gabriel Dussurget, qui va sans répit inventer les programmes, choisir les maîtres d'œuvre, construire les distributions. Il est assisté par Henri Lambert, dont le goût, la sûreté du jugement face aux propositions présentées, le sens profond de la démarche et des tâches à accomplir l'aideront puissamment. Pour chaque décision majeure, Henri Lambert sera le régulateur, l'homme de raison et d'ordre.

Roger Bigonnet, Jean-Louis Vandoyer et Marc Pincherle devant le pavillon Vendôme en 1957.

Les fondateurs du festival s'adjoignent immédiatement un quatrième mousquetaire, en la personne de Marc Pincherle. Homme avisé autant que musicologue de haute compétence, Marc Pincherle apportera à sa fonction de secrétaire général un attachant mélange de détermination, de tact et d'attention aux autres. Ceux qui l'ont approché n'oublient pas sa courte silhouette, toujours fermement dressée, son visage d'officier de cavalerie — netteté des traits, clarté du regard, petite moustache argentée, balafre à la commissure des lèvres — et la précision incisive du verbe, qui excluait toute ambiguïté, tout faux-fuyant. Tant sur les programmes que sur les modalités de fonctionnement, ses conseils ne cesseront de se révéler précieux.

Une autre recrue rejoint l'équipe dès 1949, attirée à Aix par la comtesse Pastré. Il s'agit d'une jeune femme nommée Edmonde Charles-Roux, qui deviendra l'écrivain que l'on sait. Edmonde Charles-Roux prend feu et flamme pour le festival ; elle apporte aux organisateurs un atout considérable par les relations qu'elle entretient avec nombre de personnalités marquantes du monde intellectuel et artistique. Elle contribuera puissamment à cristalliser l'intérêt qu'écrivains et peintres vont aussitôt porter au développement du festival, à susciter leur propos, leurs écrits et leur participation.

L'ardeur de ce petit groupe s'enrichit simultanément de l'adhésion active de nombreuses bonnes volontés locales. C'est ce climat d'enthousiasme et de bénévolat qui va conférer à l'équipe d'Aix, pour de longues années, son caractère singulier et sa vitalité particulière. Le terme de bénévolat est à prendre au pied de la lettre : rares sont les membres de l'équipe qui bénéficient d'un statut rémunéré ; encore les quelques rémunérations confinent-elles le plus souvent au symbole. Ainsi est-ce un avocat à la cour d'Aix-en-Provence, Maître Jacques Lachaud, qui assume, en toute gratuité, la fonction de chef de plateau, partageant son temps — de juin au début d'août — entre le palais de justice et la scène de l'Archevêché ! Porté par la circonstance, un ingénieur électricien, M. Hudry, devient rapidement un électricien de théâtre professionnel ! On pourrait multiplier les exemples de cet amateurisme — au sens étymologique du terme : la condition de celui qui aime — grâce auquel se rassemblent autour de Gabriel Dussurget et de ses collaborateurs directs des gens de tous horizons, unis dans l'effort commun.

Parallèlement s'est constituée dès la première année une Association des Amis du Festival qui soutient et accompagne l'action des organisateurs. Soutien financier : l'Association regroupe les contributions des donateurs régionaux ou nationaux, institutions, entreprises ou particuliers, et prend en charge tel ou tel élément du budget. Elle contribue aussi à la diffusion des projets et activités du Festival, notamment par la publication de plaquettes annonçant et commentant les manifestations, se faisant l'écho des réactions de la presse. Elle ne cesse, enfin, d'accompagner le festival par l'organisation de conférences, rencontres, cours d'initiation ou expositions, ainsi que l'aide à la présentation de jeunes artistes dans ces dernières années*. Depuis les débuts jusqu'aujourd'hui, son dynamisme ne s'est pas démenti, sous les présidences successives du recteur Blache, son fondateur, de Célestin Coq, de Maître Henri Colliot (douze ans d'initiatives passionnées à partir de 1974**)et tout récemment de René Hostache. Mais revenons aux temps héroïques....

Associé à l'équipe, et en symbiose totale avec elle, l'autre pilier de la réussite, celui que Jean-Louis Vaudoyer nommait « l'âme sonore... l'Ange Gardien du Festival » sera Hans Rosbaud. Depuis le premier festival, celui de 1948, où il avait dirigé *Cosi fan tutte* et un concert symphonique, Hans Rosbaud s'est partagé, année après année, entre la direction de son orchestre du Südwestfunk de Baden-Baden, voué à la musique contemporaine, et le théâtre de l'Archevêché; outre de nombreux concerts symphoniques, très éclectiques, il a préparé et dirigé tous les opéras de Mozart

* Sur une idée de Cassandre, l'Association des Amis du Festival a pris en charge les premières années — en liaison avec l'équipe de direction — l'organisation des « fêtes de nuit » : une foule à la mondanité bon enfant, très provinciale, se pressait dans des sites enchanteurs, éclairés comme dans un rêve (Terrasses d'Arnajon, Jardins de Galice...), autour d'un souper, d'une pièce d'eau, d'un ballet ou d'une sérénade. Prolongeant les joies musicales, le ravissement se poursuivait très tard dans la respiration de la nuit provençale... Ces fastes novateurs — préfiguration de la moderne recherche des sponsors — s'avérèrent bientôt peu rentables et difficiles à gérer par une équipe déjà surchargée; ils furent abandonnés en 1954. Mais quels souvenirs de ravissement ils laissent à ceux qui ont eu la chance de les vivre!

** Sous une forme rénovée, l'Association étend alors le champ de ses activités, notamment dans le domaine de l'édition: un album de quatre disques sur « Les grandes voix du festival », un ouvrage collectif « Les Opéras d'Aix-en-Provence », recueil de sept années de conférences, et — récemment — la traduction du livret d'*Armida* (1988, voir « troisième époque ») par Georges Farret, avec une étude introductive due au vice-président de l'Association, Robert Aubaniac.

présentés au festival (et aussi le *Platée* de Rameau)... jusqu'en 1958, année fatidique où il apparaît pour un ultime *Don Giovanni* avant qu'une maladie inexorable ne l'écarte d'Aix ; il mourra en 1960, perte douloureusement ressentie par les artisans et amis du festival, les musiciens et les chanteurs, ainsi que par les familiers des soirées de l'Archevêché. Longue et noire silhouette d'oiseau, un peu voûtée, dont l'acuité s'adoucissait d'un œil pétillant et d'un sourire complice, celui que d'aucuns surnommaient, avec une ironie affectueuse, l'« apothicaire » ou le « notaire » était à la fois fougue et précision. Intraitable sur la double croche, il savait aussi témoigner d'une souplesse psychologique qui faisait merveille pour apaiser les humeurs, voire les angoisses des interprètes. On en lira un témoignage dans le bref portrait de Hans Rosbaud brossé à la fin de ce livre. Il galvanisait ses troupes pour des représentations ciselées, mordantes, au cours desquelles la finesse et l'exactitude musicales le disputaient à la vivacité théâtrale.

À ses côtés, le Festival place une assistante hors pair en la personne d'Irène Aïtoff, dont la rigueur musicale n'avait rien à envier à celle de Hans Rosbaud ; la véhémence de ses conseils, son exigence acharnée sur le respect des *tempi* sont restées dans la mémoire de tous ceux qui ont travaillé sous sa férule. Au reste, la plus amicale et souriante des compagnes, dès le clavier abandonné. Elle sera rejointe par Janine Reiss, une autre grande dame, qui lui succédera plus tard. L'exigence musicale, ce sera aussi Élisabeth Brasseur, qui règnera longtemps sur les chœurs des opéras aixois.

Le triomphe du *Don Giovanni* de 1949 a provoqué la venue au festival de quelques-uns des plus grands noms de la littérature française : nous avons déjà évoqué la présence de Pierre-Jean Jouve, le rôle majeur joué par François Mauriac ; auprès d'eux ou à leur suite, relevons l'adhésion enflammée de Jean-Louis Vaudoyer, Émile Henriot, Armand Lunel, et de tant d'autres... Plus

Le travail dans le bonheur:
Elisabeth Brasseur avec Gabriel Dussurget.

tard, Aix verra apparaître André Maurois, Jean-Paul Sartre et Simone de Beauvoir; Saint-John Perse aussi, immense poète qui lèguera à la Ville d'Aix ses manuscrits, ses archives et sa bibliothèque, aujourd'hui présentés à l'Hôtel de Ville, dans les locaux de la Fondation qui porte son nom.

Nous retrouvons les signatures de nombre d'entre eux, celles aussi de Provençaux: Jean Giono, Henri Bosco, au bas des textes précieux qui, au fil des ans, ornent et éclairent les programmes du Festival, à côté de celles des musicologues les plus éminents: Georges de Saint-Foix, grand exégète de Mozart, Claude Rostand, Roland-Manuel, René Dumesnil, Antoine Goléa... et Marc Pincherle, bien sûr!

Du côté des peintres, l'on n'est pas en reste: Balthus, ami très proche de Cassandre, assiste au *Don Giovanni* de 1949; l'année suivante, il fera les nouveaux décors de *Cosi fan tutte*. Il entraîne la présence à Aix d'un autre écrivain d'immense stature: André Pieyre de Mandiargues, du psychanaliste Jacques Lacan et de toute la nébuleuse qui gravite autour de lui. Autre grand peintre:

André Masson, qui passe tous ses étés dans sa maison aixoise, sur la route du Tholonet, est lui aussi venu au festival, en voisin d'abord. Il réalisera en 1952 les décors d'*Iphigénie en Tauride*, de Gluck. Avec lui, c'est tout le groupe des surréalistes qui prendra le chemin d'Aix.

Pour débusquer André Derain, ce géant tapi dans sa retraite normande, Edmonde Charles-Roux, Balthus et le sculpteur Giacometti, qui vénérait Derain, reprennent tous trois le chemin de Chambourcy, résidence du peintre et leur lieu de rencontre familier. Ils expliquent le miracle aixois, exhortent, insistent, convainquent : Derain va composer des décors irradiants d'éclat, de poésie et d'humour, pour *L'Enlèvement au sérail* en 1951, pour *Le Barbier de Séville* en 1953. Sublime contribution à la fête.

Autre contribution picturale majeure : celle du Catalan Antoni Clavé, à qui Gabriel Dussurget avait déjà confié, quelques années auparavant, le décor d'un ballet au Théâtre des Champs-Ély-

André Derain devant la cathédrale Saint-Sauveur, avec Louis Malbos et Edmonde Charles-Roux.

sées. Artiste d'une véhémence et d'une sincérité profondes, Clavé a conçu pour *Les Noces de Figaro*, en 1952, un univers scénique déconcertant au regard de l'imagerie habituelle, et qui a suscité bien des remous; nous en reparlerons.

Et les premiers intéressés: les musiciens, demandera-t-on? Ils se sont, bien sûr, rués sur l'événement, Darius Milhaud en tête, l'enfant du pays: un concert entier lui est consacré lors du festival inaugural. Un Darius Milhaud comblé, lui qui, dès 1937, exprimait son désir «de voir Aix devenir un centre artistique important où se dérouleraient des festivals de musique et de théâtre», ajoutant cette phrase prémonitoire: «Peut-être verrai-je un jour se réaliser un festival méditerranéen dans ma ville natale.» Milhaud est aussitôt rejoint par ses amis les plus intimes du «Groupe des Six»: Arthur Honegger, Georges

Francis Poulenc entre Suzanne Danco et Jacques Février au terme d'une répétition, 1950.

Les deux Don Juan face à face:
Louis Jouvet et Renato Capecchi.

Auric, Francis Poulenc. L'on voit converger à peu près tous ceux qui, à cette époque, jouent un rôle dans l'écriture musicale en France: Henri Sauguet, Daniel-Lesur, Jean Rivier, Olivier Messiaen... et les plus jeunes: Maurice Le Roux, Maurice Jarre... Immense brassage des musiciens entre eux (compositeurs ou interprètes: Marguerite Long assiste au *Don Giovanni* de 1949), fructueux foisonnement de rencontres entre les musiciens, les organisateurs, les peintres, les écrivains, les gens de théâtre (Louis Jouvet est là aussi, Don Juan de Molière contemplant Renato Capecchi, le juvénile Don Juan de Mozart). Le Festival devient — comme l'avait été trente ans plus tôt le Théâtre des Champs-Élysées à Paris — un creuset artistique et intellectuel au sein duquel on communique, on échange, on s'exalte, on échafaude des projets. La suite de ce livre évoquera quelques-unes des nombreuses œuvres — instrumentales et quelquefois lyriques — des compositeurs de notre temps jouées (et souvent créées) au Festival d'Aix-en-Provence.

Ainsi les échos grandissaient de ce que la musique s'était emparée d'un site privilégié. Cette renommée par osmose attira dès le début des années cinquante l'attention de la critique internationale et un élargissement très rapide du public, découvrant ce phénomène sans précédent : le développement en France d'un festival capable de rivaliser avec les plus hauts lieux de la musique et de l'art lyrique en Europe.

Deuxième Interlude

Sortie des artistes

Il y a déjà un long moment que la tour octogonale de la cathédrale Saint-Sauveur, dressée dans l'azur, a égrené les douze coups de midi.

Par le lourd portail à peine entrebâillé, les artistes, en petits groupes successifs, ont quitté l'Archevêché au terme de la répétition : chemises ouvertes, pantalons de toile et robes légères, allure détendue et démarche paisible, bribes de conversations à la fois feutrées et rieuses ; climat amical et confiant d'une équipe heureuse dans l'effort commun, à la recherche passionnée d'une perfection qui naîtra le soir sous les projecteurs... Tour à tour, les groupes ont franchi le dôme d'ombre et de douceur que forme le feuillage des platanes du parvis. Ils ont tourné à gauche pour descendre la rue Gaston-de-Saporta, inondée de soleil, vers le centre de la ville. Immobilité revenue, règne à nouveau du silence sur les lieux déserts. Déserts à l'exception d'un adolescent qui, à l'angle de la place, a suivi dans la fascination le passage de ces héros qu'Aix rend si familiers et joyeux.

Mais voici qu'une dernière silhouette émerge de l'Archevêché. Petite, replète, le pas vif, les

Emmy Loose, en Zerline, dans sa loge, 1959.

yeux gris-bleu pailletés de lumière, féminine jusqu'au bout des ongles, c'est Emmy Loose, le charme viennois incarné; Zerlina des années précédentes, Despina irremplaçable, à Aix comme à l'Opéra de Vienne, elle se prépare à être dans les soirs à venir la «Blondchen» de L'Enlèvement au sérail. *Au regard de ravissement dont l'accompagne le jeune homme, à son sourire timidement ébauché, elle répond d'un sourire franc et radieux, puis descend à son tour la rue ensoleillée et vide, vers le beffroi de l'hôtel de ville. Tandis que sa silhouette s'amenuise entre les hautes façades, elle lance soudain vers le ciel — trop-plein de jubilation, cadeau, peut-être aussi, à son jeune admirateur — la phrase la plus enjouée de Blondchen, dont le* do *aigu vibre comme du cristal dans l'air surchauffé... Elle a déjà disparu; la grâce résonne encore entre les murs...*

Chapitre quatre

La constitution du répertoire mozartien

En 1948, un *Cosi fan tutte* improvisé, à la fortune du pot, magnifié par la baguette de Hans Rosbaud. En 1949, un *Don Giovanni* dans un vrai théâtre, auquel Cassandre fournit une dimension magique, avec la flamme de Rosbaud à nouveau et une distribution électrisante, emportée par Renato Capecchi et Marcello Cortis : le miracle, au plus haut niveau, vite annoncé de bouche à oreille et par les témoignages des personnalités les plus qualifiées.

En 1950, le festival s'étend maintenant sur trois semaines, du milieu de juillet au début d'août ; la reprise de ce *Don Giovanni* — pour quatre représentations — est encore rehaussée par l'arrivée de l'un des plus grands ténors mozartiens de notre temps : Léopold Simoneau. Splendeur limpide du timbre, liberté de l'émission, fermeté du phrasé, musicalité parfaite, il campe un Ottavio aux antipodes de la résignation gémissante qui rend si souvent le rôle ingrat, ennuyeux ... et incompréhensible la position du personnage aux côtés d'Anna !

Parallèlement, le festival de 1950 affiche une nouvelle production de *Cosi fan tutte*, adaptée au théâtre de Cassandre par les soins du peintre

Balthus et soutenue par la même troupe dont nous avons dit les exceptionnels mérites, à laquelle se joint la Dorabella fougueuse d'Eugenia Zareska.

Gabriel Dussurget va désormais s'attacher à faire surgir sur la scène d'Aix, au même niveau de qualité, les autres grands opéras de Mozart, en même temps qu'il élargira le répertoire à bien d'autres compositeurs lyriques du passé ou de notre temps.

En 1951, c'est *L'Enlèvement au sérail.* En 1952, *Les Noces de Figaro.* Entre les reprises des quatre œuvres de Mozart ainsi montées et leur alternance avec d'autres productions, il faut attendre 1958 pour voir apparaître *La Flûte enchantée* au théâtre de l'Archevêché. Temps de réflexion bien nécessaire, au demeurant, avant d'oser planter l'univers cosmique et changeant et les chœurs étoffés que requiert l'ouvrage sur une scène aussi exiguë et peu profonde. Le pari sera, une fois de plus, gagné. En 1963, un lumineux *Idoménée* vient rejoindre les cinq autres chefs-d'œuvre.

Don Giovanni : *le héros de neige et de pourpre*

Épuré de tout fatras romantique, riche d'espaces rutilants, charmeurs ou menaçants, de faux lointains à faire rêver, l'exceptionnel « Don Juan de Cassandre », repris à peu près régulièrement tous les deux ans, restera le fleuron du festival jusqu'en 1972.

Les interprètes se succéderont, apportant à leurs personnages un caractère et un éclairage différents, sources de richesses nouvelles. Chacun d'entre nous aura ses « millésimes » de prédilection. Mais aucune découverte ultérieure n'effacera de la mémoire de ceux qui ont eu le bonheur de le voir vivre le souvenir fascinant du couple Don Juan-Leporello initial, constitué par Renato

Don Giovanni, *dernier acte, décors et costumes de A. M. Cassandre, avec, de droite à gauche, Heinz Rehfuss, Marcello Cortis et Raffaele Arie, 1954.*

Capecchi et Marcello Cortis: étonnante complémentarité physique, théâtrale et vocale, complicité du patricien et du plébéien.

Haute et fine silhouette dressée dans sa juvénile ardeur, vif-argent, d'une avidité mordante, tour à tour altier, provoquant ou enjôleur, Capecchi-Don Juan joue avec les autres comme le chat avec la souris, alternant — dans la griserie de ce jeu — le martèlement impérieux du médium et du grave, la sensualité insinuante de ses demi-teintes, pour décocher soudain les gifles sonores de ses aigus cuivrés. À côté de lui, Cortis-Leporello est toute pesanteur, grassement truculente, soulignée par un verdâtre costume de batracien; sa voix aux inflexions gouailleuses enchaîne dans l'exactitude du phrasé musical ricanements canailles et veulerie tremblotante. La plus saisissante incarnation du personnage depuis Salvatore Baccaloni, qui fut l'illustre Leporello du festival de Glyndebourne, enregistré en 1936 sous la baguette de Fritz Busch.

Lorsque le Don Juan d'Aix surgit dans la nuit glauque du palais du Commandeur, entre les colonnes hautaines qui en cernent la cour, gaîné de soie blanche, auréolé de sa perruque, il oppose

Don Giovan
décors et costumes

aux imprécations d'Anna le rideau de velours pourpre — de sang déjà — de sa longue cape brandie à bout de bras. Dans les tableaux suivants, ayant quitté sa tenue « de chasse », il endosse, pour affronter le monde diurne et quotidien, un élégant habit sur lequel jouent entre les galons d'or les rayures alternées d'un rouge acide et d'un rouge cramoisi.

Après Capecchi, lame d'acier souple, irisée d'insolence joueuse, la succession était lourde. Mais Gabriel Dussurget a su découvrir à sa suite

al du Ier acte,
M. Cassandre, 1954.

des interprètes d'une superbe allure physique et vocale; trois d'entre eux ont particulièrement marqué le rôle de leur personnalité, dans des registres fort différents. En 1956, c'est l'apparition étrange et fascinante d'un jeune Espagnol — un Don Juan d'origine — très grand, mince et roide, l'œil fixe, le nez en bec d'aigle, hidalgo à la flamme contenue chez qui le sourire se mue en un rictus farouche. Ce n'est pas un hasard si Antonio Campo a longuement hésité entre la carrière de chanteur et celle de torero! S'il avait choisi l'arène,

*Raffaele Arie et Antonio Campo (*Don Giovanni*), 1956.*

nous y aurions perdu les estocades de cette voix profonde, aux résonances de bronze. Autour de Campo, le Leporello de Marcello Cortis, l'Elvire de Suzanne Danco, le Commandeur de Raffaele Arie étaient toujours là; ils sont rejoints par Teresa Stich-Randall, qui prête pour la première fois sa véhémence aux fureurs et au lyrisme d'Anna, et Rolando Panerai, incarnant un Masetto inoubliable de tendresse bourrue sous ses airs de chien battu. Combien l'on aurait regretté de le voir quitter ce rôle s'il n'avait ensuite apporté son talent et sa voix à la difficile succession de Marcello Cortis, brutalement disparu, dans le rôle de Leporello ! Avec un tel plateau, il est facile de concevoir que le *cru Don Giovanni 1956* soit resté dans les mémoires comme un millésime exceptionnel. Heureusement, le disque nous le conserve (Panerai y étant remplacé par l'excellent Vessières).

Gabriel Bacquier fit surgir, en 1960, un Don Juan très différent de ceux de Capecchi et de Campo. À la vitalité extravertie du premier, à l'intensité contenue du second, l'un et l'autre poussés par une ardeur instinctive, se substitue un séducteur plus massif, plus mûr, « plus délibérément résolu à faire le brave contre Dieu, et donc aussi plus responsable » pour reprendre l'expression de François Mauriac (cf. *Premier interlude*). Délibérément provocateur, rationaliste sûrement, matérialiste peut-être, son cynisme — cruel avec indifférence — l'apparenterait plus au Don Juan de Molière qu'à celui, plus tumultueux, de Mozart, si Bacquier ne disposait d'un talent et d'une subtilité rares pour distiller l'essence musicale et dramatique de la phrase mozartienne et de ses récitatifs enveloppants ou crépitants.

Autre apparition éblouissante du héros, celle de Robert Kerns, en 1966 : allure, élégance, tranquillité seigneuriale, éclat et beauté physique et vocale, Kerns menait sa course inaltérable comme une frégate en haute mer, toutes voiles déployées. Et cette *sérénade* inoubliable, filée *mezza voce*, d'une seule coulée, dans le parfait velouté du timbre... !

Au fil des ans, bien d'autres figures attachantes se dressent autour du Séducteur : la Zerlina pulpeuse de Mariella Adani, l'Elvire bouillonnante de passion d'Ilva Ligabue, servie par un vibrato serré, intense, envoûtant, l'Ottavio solaire de Luigi Alva, le Masetto du jeune José van Dam... Et nous n'aurions garde d'oublier le dernier Don Juan découvert par Gabriel Dussurget en la personne de Roger Soyer; s'il n'atteignait pas à l'intensité dramatique des quatre interprètes du rôle-titre que nous avons précédemment évoqués, il en imposait par sa haute stature et sa voix de basse chantante, somptueuse d'ampleur et de moelleux.

L'image, la présence du « Don Juan de Cassandre » sont indissociables de l'identité même du festival tout au long de sa première époque. Le critique Yves Florenne a fort joliment exprimé cette symbiose en quelques mots: « Tel est le charme de Don Juan: de tous les autres prestiges d'Aix, peut-être nous laisserions-nous parfois distraire. Don Juan nous lie par un nœud troublant que chaque été resserre; au rendez-vous qu'il assigne nous ne saurions plus jamais manquer, et les années mêmes où il ne paraît point, son fantôme blanc et rouge hante le théâtre. » (*Le Monde*, 23 juillet 1952.)

Trois nouveaux Mozart : trois grands peintres

1950: nouvelle production de *Cosi fan tutte*; décorateur: Balthus. 1951: *L'Enlèvement au sérail*; décorateur: André Derain. 1952. *Les Noces de Figaro*; décorateur: Antoni Clavé! Trois grands peintres du milieu du siècle. Événements majeurs dus aux efforts conjugués de Gabriel Dussurget et d'Edmonde Charles-Roux. Événements qui apparentent cette période du festival d'Aix à celle du Théâtre des Champs-Élysées des années vingt, où Braque, Picasso, Juan Gris, Marie Laurencin, Fernand Léger ou Picabia... et André Derain déjà!... s'associaient aux initiatives des Ballets Russes de Diaghilev ou des Ballets Suédois de Rolf de Maré. Événements qui bouleversent la routine des représentations d'opéra, non sans susciter — comme nous le verrons — réticences et incompréhensions.

Cosi fan tutte : Balthus

« Être superficiel est un vice dégoûtant. Mais il y a un esprit de légèreté consciente et réfléchie qui est vertu. » Telle est la vertu, ainsi définie par Henry de Montherlant, que mettaient en œuvre les décors et les costumes créés par Balthus : ornementation ironiquement rococo, aux grâces faussement suaves, teintes proches du pastel, mais perfidement acides, silhouette bonhomme d'un cafetier, peint sur fond de baie de Naples, en l'attente de chaland, toute cette légèreté d'apparence était vite démentie par la nuance sulfureuse d'un jaune, les reflets lie-de-vin d'un rose, les lignes âpres des toits devant la baie et les teintes sourdes, presque menaçantes, vert sombre et terre de Sienne, d'un bosquet, des frondaisons d'un parc. Imagerie à double lecture, propice aux jeux voulus par Mozart et son librettiste, Lorenzo da

Cosi fan tutte, *1953.*

Cosi fan tut
Teresa Stich-Randall, Marcello Cortis, Léopold Simone

Ponte, à ce ballet psychologique qui couvre d'un vêtement de charme, de comique ou d'espièglerie, des réalités douloureusement amères. Cet écrin finement troublant a enchâssé les représentations de *Cosi* de 1950 à 1961, en dépit de certaines réticences. Réticences d'une fraction du public et de la critique, déconcertée de ne pas retrouver la

53.
ıziella Sciutti, Renato Capecchi, Nan Merriman.

suavité traditionnelle. Réticences, parfois, des interprètes eux-mêmes, bousculés dans les images qu'ils s'étaient construites de leurs personnages, de leur apparition scénique et de son contexte (comment porter, par exemple, les déguisements farfelus des « Albanais »?); mais Hans Rosbaud était là pour les apaiser et rétablir la sérénité.

L'Enlèvement au sérail: Derain

« Une œuvre d'art devrait toujours nous apprendre que nous n'avions pas vu ce que nous voyons » (Paul Valéry). Voilà bien ce qu'apportait à *L'Enlèvement* la puissance d'expression picturale d'André Derain. « Patte » formidable qui brusquait la vision pour atteindre le vrai: découpage à l'emporte-pièce des lignes du décor, d'une feinte naïveté, non point ébauche, mais aboutissement à l'essentiel, crudité de la lumière et vivacité des couleurs, reflétant à la fois la cruauté d'une situation de claustration sous l'éclat du soleil moyen-oriental et la vitalité lyrique des personnages, transformés en marionnettes animées dont la voix traduit le cœur.

Habitués aux turqueries conventionnelles et aux pâtisseries rassurantes, avions-nous vraiment

André Derain et Hans Rosbaud entou

L'Enlèvement au sérail, *1951.*

[l]a troupe de l'Enlèvement au sérail, *1951.*

senti tout cela, avant Derain, sous l'enchantement de l'écriture musicale et la gaieté du Singspiel? Aurions-nous inventé la présence discrète et menaçante des felouques dans la baie, chiens de garde de l'oppression, soigneusement calligraphiées par Derain à partir des gravures orientalistes recueillies par Edmonde Charles-Roux dans les collections de son père?

Bien entendu, ce nouveau regard dérangeait — plus encore sans doute que les acidités subreptices de Balthus — certains spectateurs et même certains critiques.

Mais les réticences apparaissent encore légères au regard de l'incompréhension et des réflexes indignés qu'a suscités l'étonnant univers scénique conçu par Antoni Clavé pour *Les Noces de Figaro*.

Les Noces de Figaro : Clavé

« Vous savez, Gabriel, là, vous avez fait un crachat sur Mozart ! », dit Jean-Louis Vaudoyer à Gabriel Dussurget en sortant de la première représentation des *Noces de Figaro* à Aix.

Convenons que l'extrême violence des décors de Clavé avait de quoi surprendre ! Il ne s'agissait plus de simples discordances par rapport à l'imagerie et au climat usuels. Le peintre catalan faisait table rase des lieux policés propres à l'Espagne très française de Beaumarchais ou à la Vienne de Joseph II. Le spectateur découvrait une profusion débridée de lacis et de carroyages ornementaux ; grandes nappes irriguées par un kaléidoscope de couleurs denses et sombres. Monde étrange, où la férocité des appétits (érotisme sans scrupule, cupidité, malignité) pouvait se donner libre cours sous la caution des richesses ostentatoires et inquiétantes. Les élans de l'affectivité et de la tendresse (Figaro, Suzanne, la Comtesse, Chérubin, Barberine) n'en prenaient que plus de relief,

Les Noces de Figaro, *acte I, 1er tableau, avec Rita Streich et Rolando Panerai, 1955.*

Les Noces de Figaro, *acte III, décors et costumes de Clavé, avec M. Luise, N. Tangeman, G. Sciutti, G. Tozzi, F. Calabrese, G. Friedmann. 1953.*

à livrer leur combat dans cette opulence viciée. Ce que d'aucuns n'ont pas ressenti ou su comprendre, confondant la dénonciation d'un appareil ténébreusement somptuaire avec une tristesse fondamentale.

Plus discutable, sans doute, le décor du IVe acte, volontairement hétérogène, passant brutalement de la somptuosité échevelée au misérabilisme. L'on comprend bien l'intention: au-delà des fastes, l'assouvissement des appétits sexuels imposé par le pouvoir s'effectue dans le sordide et non dans la dentelle; d'où cette verdure terne de cages à lapins banlieusardes où l'on s'encanaille, au lieu de l'habituel parc harmonieusement arboré. Propos indiscutablement éloquent. Mais le déroulement d'un spectacle n'exclut-il pas une rupture abusive de style dans le mode d'expression scénique? Du lever au baisser du rideau, nous attendons un langage de cohérence, apte à tout dire. C'est peut-être là que gîtait la faiblesse. Elle était, au demeurant, mineure, au regard de la formidable véhémence affective et picturale proposée par Antoni Clavé.

Une grande polémique s'engage aussitôt à propos de ces décors: réticences d'une partie du public confronté à l'inhabituel, compréhension et jugements nuancés, adhésion enthousiaste ou rejet catégorique, toutes ces attitudes trouvent leur reflet dans la presse du moment. Quelques extraits en réveilleront les échos:

L'ADHÉSION ENTHOUSIASTE

«Les partisans de la tradition ont crié bien fort à la trahison. C'est qu'ils veulent encore et toujours le Mozart rococo que leur ont légué leurs pères et grands-pères, avec des décors rose Pompadour, relevés çà et là de crème fouettée viennoise...» (Marcel Schneider, *Combat*, 24 juillet 1952).

«Les beaux, les vrais, costumes de théâtre que ceux de M. Clavé! Fermeté du dessin, éclat, accord, contraste des tons — ces blancs et ces violets, ces jaunes et ces gris, ces bleus nocturnes —, profusion et invention décoratives. Les décors, avec ce parti des draperies et des larges surfaces, agrandissent, approfondissent la scène, donnent une ampleur, un éclat très singuliers et jusqu'à un noble délabrement à cette Espagne italianisée» (Yves Florenne, *Le Monde*, juillet 1953).

«Figaro est immensément puissant, et seuls des peintres qui évitent les pastiches — tel John Piper pour *Don Juan* l'année dernière à Glyndebourne et Edimbourg, tel Clavé cette année à Aix — sont capables de créer des décors assez puissants pour lui servir de cadre» (revue *Opéra*, Londres, octobre 1952).

L'ADHÉSION NUANCÉE

«La querelle des *Noces* a beaucoup tourné autour des décors; si je n'aime guère le premier, un peu banal, et le dernier, où A. Clavé a ressorti ses inesthétiques guinguettes de *Dom Perlimplin*, par contre quels admirables tableaux engendrent les deux autres, où les couleurs se répondent, bleus d'opale, rouges et violets profonds, lourdes draperies; ce sont des écrins, des "boîtes à violon" où le cristal mozartien vibre en toute pureté» (Jacques Lonchampt, *Journal Musical Français*, 25 septembre 1952).

LE REFUS MOTIVÉ

«Il y avait quelque chose d'étrange dans les décors des *Noces*. S'ils étaient légers dans leur structure, ils ne l'étaient certes pas dans leurs couleurs, où le sombre dominait. Pour cette raison et pour leur lourde somptuosité, qui n'avait plus aucun rapport avec la pureté et la fragilité rococo, ils formaient un cadre qui ne convenait pas au badinage et à l'"élégance du "Figaro" de Mozart. Ils étaient excessifs, ils revêtaient même un certain aspect mystérieux, ce qui est contraire à l'esprit de cette œuvre si peu mystérieuse. Mais, pris à part, ces décors étaient d'une richesse et d'une magnificence qui, si elles s'étaient mieux accordées avec le sujet, auraient pu être difficilement surpassées » (E. Bekius, *Utrechtsch Nieuwsblad*, 9 août 1952).

« Les décors et les costumes de cette réalisation, conçus par le peintre catalan Antoni Clavé, étaient de couleurs sombres et de style espagnol, tel celui qu'on rencontre à Barcelone. À mon sens, ils ne convenaient ni à l'œuvre, ni aux chanteurs. Étendre le bariolage des décors à la totalité de l'espace scénique donne souvent de bons résultats pour les ballets, mais rarement pour le théâtre et l'opéra » (Virgil Thomson, *New York Herald Tribune*, 10 août 1952).

LE REJET CATÉGORIQUE

« Richement historiés, ne craignant pas la surcharge, ni même le bric-à-brac, les décors d'Antoni Clavé sont conçus dans une note sombre [...]. Quant au comte, il endosse un triste uniforme [...] qui le fait ressembler au lord-maire de Londres, un jour de deuil national... » (Bernard Gavoty, *Le Figaro* , 15 juillet 1952.)

Le même critique (sous son pseudonyme) récidive plus brutalement lors de la reprise de 1955: « Il y a bien, je sais, les décors de Clavé, curieusement funèbres et d'une folle prétention... On dirait que [...] Clavé ait voulu montrer qu'un mariage peut être gai comme un enterrement! Malgré lui, les *Noces* seront une merveille: je ne risque rien à le prophétiser » (Clarendon, *Le Figaro*, 18 juillet 1955).

Ces réactions contradictoires illustrent la force de proposition et l'incitation à réfléchir, à voir et à ressentir différemment, que suscite l'intrusion de grands peintres — c'est-à-dire de visionnaires — dans le monde du théâtre. Ce n'est pas la moindre richesse que le Festival d'Aix, dans cette période particulièrement faste, aura apportée à l'univers lyrique.

Et songeons qu'en cette même année 1952, le Festival affichait, à côté de la production des *Noces* « décorée » par Clavé, l'*Iphigénie en Tauride* de Gluck dans des décors d'André Masson ! Vision elle aussi très puissante et très controversée. Quelle merveilleuse prodigalité ! Mais revenons, pour l'instant, au répertoire mozartien...

Cosi fan tutte en 1963, *Les Noces de Figaro* en 1968 retrouvèrent une imagerie pondérée et rassurante, plus banale aussi, même si François Ganeau (pour *Cosi*) et Pierre Clayette (pour *Les Noces*) y déployèrent brio et raffinement.

La Flûte enchantée connut, elle aussi, deux décorateurs successifs au cours de cette première époque : Jean-Denis Malclès, qui traita l'ouvrage en une suite d'enluminures séduisantes, adroitement encastrées dans l'espace sans profondeur de

Gundula Janovitz dans La Flûte enchantée, *1963.*

La Flûte enchantée*; décors de Daniel Louradour, 1971.*

Teresa Stich-Randall dans Idoménée*, en 1963.*

la scène aixoise, puis Daniel Louradour, construisant (en 1971) un univers plus massif, exubérant, aux confins du fantasme et de la bande dessinée.

Pour *Idoménée*, Suzanne Lalique avait entre-temps adopté un parti très classique, dans la tradition de l'*opera seria* : colonnades à l'ancienne, baignées dans une lumière opalescente ; images d'équilibre et d'extrême harmonie.

Voix et silhouettes

Mis en scène par des hommes de théâtre de premier plan: après Jean Meyer, Pierre Bertin, Maurice Sarrazin, Jean-Pierre Grenier..., les personnages de Mozart, enchâssés dans les tableaux des maîtres, nous offrent des fêtes sans cesse renouvelées. Les évoquer, c'est faire ressurgir à la mémoire un cortège de silhouettes et de voix.

Voici les deux sœurs de *Cosi fan tutte*: Fiordiligi, le *soprano*, et Dorabella, le *mezzo*, dont les voix s'entrelacent et se répondent; le seul énoncé des couples *soprano-mezzo* qui se succèdent à Aix nous laisse pantois: Suzanne Danco et Eugenia Zareska, Stich-Randall et l'extraordinaire Nan Merriman, Stich-Randall encore avec Berganza, puis les deux Anglaises, Elizabeth Harwood et Josephine Veasey, qui remportent un triomphe. Dans *Les Noces de Figaro*, la Suzanne de Graziella Sciutti, exquise de charme, de malice et de virtuosité, ou celle — plus drue, mais rayonnante aussi de féminité caressante — de Rita Streich (1955: un grand cru, que le disque nous conserve); l'incomparable Comtesse de Teresa Stich-Randall (Qui a chanté comme elle, d'une seule ligne, impalpable et douloureuse, l'air introductif du IIe acte, «*Porgi, amor...*»?); l'autorité ombrageuse de Heinz Rehfuss, Almaviva à la voix sombre, et l'extraordinaire tension de son affrontement avec Stich-Randall; le Figaro de Panerai, sonore, tendre et joyeux; le Bartholo de Melchiore Luise, vrombissant comme un gros bourdon; le Basile filiforme du subtil Hugues Cuénod, avec son inimitable hennissement de rire lorsque le Comte découvre Chérubin; Chérubin justement, avec les émois frémissants de la toute jeune et délicieuse Pilar Lorengar, qui fit sensation et conquit la salle.

Au hasard de l'évocation, les images et les résonances reviennent en foule: la voix de cristal et la beauté de tanagra de Maria de Los Angelès Moralès, merveilleuse Constance (*L'Enlèvement au sérail*); l'irrésistible Osmin de Fritz Ollendorf, rebondissant comme un ludion sur les temps forts de son air de triomphe; l'Elettra tempétueuse d'Enriquetta Tarrès, le Papageno idéal d'Erich Kunz, avant celui de Robert Kerns. Tant d'autres encore, parmi les plus grands, que nous retrouverons au fil de ce récit, ou dans les tableaux chronologiques et les « portraits » qui le complètent.

Pendant une quinzaine d'années, l'on a monté Mozart à Aix avec une vitalité, un relief, un scrupule, une passion de servir l'œuvre rarement égalés.

Chapitre cinq

Une palette lyrique largement ouverte

Dès 1950, une exécution en concert de *L'Orfeo* de Monteverdi — la référence originelle de l'« opéra », à l'aube du XVIIe siècle — préludait, sous la baguette d'Ernest Bour (avec Capecchi, Arie, Cortis, Simoneau et Danco), à la diversification des productions lyriques présentées sur la scène de l'Archevêché. En 1951, le premier spectacle « non mozartien » du Festival associe deux ouvrages italiens reliant dans un esprit de gaieté l'époque de Mozart à la nôtre : *Le Mariage secret* de Cimarosa, avec une distribution étourdissante, et un opéra-bouffe en un acte de Gian Carlo Menotti, *Le Téléphone*, amusant badinage sur les méfaits du téléphone dans les relations sentimentales. Ce spectacle très enlevé marquait l'apparition à Aix de l'exquise Graziella Sciutti qui allait devenir l'année suivante l'incarnation idéale de la Suzanne des *Noces de Figaro*. Au cours du même festival, le grand maître Ernest Ansermet dirige une impressionnante exécution en concert du *Château de Barbe-Bleue* de Béla Bartók, soutenue par les voix de Heinz Rehfuss et Elsa Cavelti. La volonté de présenter à Aix un répertoire lyrique largement éclectique est désormais entrée dans les faits.

Ce répertoire ne sera dicté par aucun esprit de système, aucune doctrine sur ce que *doit* être un festival à Aix. Il découle, aux dires mêmes de Gabriel Dussurget, du désir, du plaisir de faire vivre tel ou tel ouvrage, du goût de faire connaître, des suggestions de l'un ou de l'autre, de la présence aussi de tel interprète pour qui l'on monte une œuvre apte à faire briller ses qualités (*Le Téléphone* pour Graziella Sciutti, *Iphigénie en Tauride* pour Patricia Neway, l'*Orphée* de Gluck pour Nicolaï Gedda, *Zémire et Azor* pour Mady Mesplé, *Platée* pour Michel Sénéchal...). La passion n'excluant pas la raison, les ouvrages présentés à l'Archevêché auront tous en commun leur compatibilité avec l'échelle d'une « salle » d'envergure moyenne. Le Festival sortira de ses murs lorsqu'il voudra monter des ouvrages requérant des espaces plus vastes.

L'opéra "d'avant Mozart"

Au long de l'« ère Dussurget », les divers aspects de l'*opera seria* des XVIIe et XVIIIe siècles sont illustrés par des œuvres maîtresses de trois compositeurs: Monteverdi, Purcell, Gluck.

L'Orfeo de Monteverdi, donné en concert en 1950, est présenté en version scénique en 1965 avec Robert Kerns, Christiane Eda-Pierre et Roger Soyer; réussite d'autant plus méritoire que la difficulté à faire vivre l'ouvrage au théâtre en décourageait depuis longtemps la production (à l'exception — rarissime — du Festival de Florence en 1949). Du même compositeur, *Le Couronnement de Poppée* bénéficie d'une étoffe dramatique égale à sa richesse musicale. La production d'Aix est portée au triomphe par le couple Jane Rhodes-Robert Massard et par les fureurs vengeresses de Teresa Berganza.

C'est encore Teresa Berganza, associée cette fois à Gérard Souzay, voix de velours et parfaite

Didon et Enée, *avec Teresa Berganza et Gérard Souzay, 1960.*

élégance du style, qui donne toute son intensité à ce chef-d'œuvre d'une poignante concision: *Didon et Énée* de Purcell, unique opéra anglais de cette époque.

Gluck fut représenté par deux ouvrages: *Iphigénie en Tauride*, puis *Orphée*. Monté dans la périlleuse version pour ténor (version de Paris, en français, la première version ayant été écrite pour une voix de contralto, sur un livret en italien), *Orphée* mit en gloire la voix éclatante de Nicolaï Gedda et celle, si limpide, de Janine Micheau, l'un

Iphigénie *en Tauride, avec Patricia New*

et l'autre ralliant tous les suffrages. La production d'*Iphigénie en Tauride*, avait, en revanche, déclenché, trois ans auparavant, des controverses passionnées, relatives tant à l'interprète principale qu'aux décors d'André Masson. L'interprète du rôle-titre était Patricia Neway, cantatrice américaine rendue célèbre en Europe par son interprétation du *Consul* de Menotti; apparition d'une sévérité sculpturale, voix profonde, ample, prenante, aux stridences étranges, le choix était fait de privilégier l'intensité expressive d'un person-

·cors d'André Masson, 1952.*

nage hors du commun, aux dépens de la perfection du *bel canto*. De quoi choquer les puristes, certes. Mais quelle richesse dramatique! Émile Vuillermoz en a tout dit en quelques lignes: « Ce fut enfin l'extraordinaire utilisation de Patricia Neway dans le rôle d'Iphigénie arraché à tous les poncifs conventionnels et confié non pas à une chanteuse classique, virtuose du "cantabile", mais à une tragédienne réaliste aux cris bouleversants et aux inflexions émouvantes, qui ne veut être ni une fille de roi, ni une grecque du répertoire, mais une femme qui souffre et qui sait que les larmes de femme, quels que soient le costume et le rang social de celle qui les verse, ont toujours gardé la même brûlante amertume à travers les âges» (Revue *Hommes et Mondes*, septembre 1952).

Quant aux décors de Masson, ils s'éloignaient aussi de la tradition classique pour situer la tragédie dans une Grèce barbare où alternaient blocs rocheux, arbres tourmentés et temple cyclopéen. La puissance et l'âpreté de la proposition déconcertèrent nombre de spectateurs et de critiques. Le jeune chef d'orchestre appelé à diriger l'ouvrage manifestait, lui, pour les décors de Masson un enthousiasme sans bornes. Sa carrière avait débuté dans son Italie natale. Il fit sensation à Aix, recueillant des louanges unanimes, une admiration sans restriction. Il s'appelait Carlo-Maria Giulini.

L'opera buffa

Après *Le Mariage secret* de Cimarosa, en 1951, l'année 1953 inaugure une éblouissante production du *Barbier de Séville* de Rossini, qui fera l'objet de nombreuses reprises étalées sur une quinzaine d'années. Cette production s'avère dès l'abord une référence exemplaire. Carlo-Maria Giulini au pupitre et le metteur en scène Maurice Sarrazin lui impriment un rythme endiablé. Les deux ravissants tableaux composés par André Derain sont à l'unisson de l'humour et de la gaieté rossiniennes (et Derain a peint de sa propre main les fioritures qui ornaient le clavecin de Rosine!). Grâce à des interprètes choisis pour leurs qualités de comédiens autant que pour leurs mérites de chanteurs, ce spectacle restera, au fil des ans, ce qu'il fut la première année: un tourbillon de vitalité joyeuse réglé par Maurice Sarrazin comme le plus précis des ballets. Renato Capecchi après en avoir été le premier et étourdissant Figaro y

Le Barbier de Séville, *entrée de Figaro-Renato Capecchi, décors et costumes d'André Derain, 1953.*

revient en 1969... dans le rôle de Bartholo, sa tessiture étant devenue beaucoup plus grave, mais son talent intact. Rolando Panerai est à son tour un Figaro d'exception à la jovialité plus charnue,

Le Barbier de Séville, *avec Eugeni Ratti, Raffaele Arie, Marcello Cortis, Juan Oncina, Rolando Panerai, 1956.*

la voix somptueusement libre et étoffée sur la totalité du registre. Mais la palme revint à l'étonnant Bartholo de Marcello Cortis, composition magistrale dans le parfait esprit de l'opéra bouffe. Sa lourde succession fut assurée avec beaucoup de talent par Jean-Christophe Benoît, lui aussi comédien-né, jusqu'à la brève réapparition de Capecchi. Et comment oublier le Basile de Franco

Calabrese, pantin à la voix noire, comiquement sinistre, l'Almaviva radieux de Luigi Alva, vocalisant comme l'on respire ? Si la première Rosine (Dolorès Wilson), en dépit de son agilité vocale, apparut un peu trop ronde pour le personnage, si le timbre de la seconde (Eugenia Ratti) n'était pas exempt d'une certaine acidité que la virtuosité ne pouvait effacer totalement, la troisième fut incarnée par Teresa Berganza dans la plénitude de la féminité et du chant. Après M. Kontou, c'est la malicieuse Jane Berbié qui révélera la richesse de son timbre de *mezzo coloratura* et sa stupéfiante technique ; l'année suivante, elle mettra toutes ses qualités au service d'une autre brillante produc-

Le Barbier de Séville, *avec Marcello Cortis et Franco Calabrese, décors et costumes d'André Derain, 1953.*

tion rossinienne, *L'Italienne à Alger*, accompagnée par le réjouissant Taddeo de Michel Trempont. Gianfranco Rivoli est au pupitre, avec la vitalité incisive qu'il apporte aussi aux reprises du *Barbier de Séville* et à d'autres ouvrages italiens.

C'est sur une suggestion de Carlo-Maria Giulini et sous sa baguette qu'Aix montait un peu plus tard (1959) *Il Mondo della Luna* de Joseph Haydn sur un livret de Carlo Goldoni. Qui savait en France que le célèbre compositeur d'environ quatre-vingts quatuors à cordes et de plus de cent symphonies avait aussi composé une large quinzaine d'opéras, dont ce chef-d'œuvre de l'opéra

L'Italienne à Alger, *avec Michel Trempont, Jane Berbié et Bodo Schwanbeck, 1970.*

bouffe qu'est *Le Monde de la Lune*? Coproduite avec le Festival de Hollande, sur la base de l'édition complète qui venait d'en être rétablie et publiée par Robbins Landon, cette fantasmagorie à la fois drôle et poétique fut pour les spectateurs d'Aix un nouvel enchantement. Elle réunissait Luigi Alva, Marcello Cortis et Mariella Adani dans des décors de Jean-Denis Malclès, fête de la couleur, du mouvement et de la rêverie cosmique. Quant à la direction de Giulini, elle atteignait à une telle perfection que Gabriel Dussurget se refusa à reprendre l'ouvrage lorsque les exigences de sa carrière eurent éloigné Giulini de l'Archevêché.

Le Monde de la Lune, *décors et costumes de Jean-Denis Malclès, 1959.*

Intitulé « comédie lyrique », *Falstaff* est le dernier opéra d'un Verdi octogénaire. Après *Un Giorno di regno*, écrit... cinquante-trois ans plus tôt, c'est aussi le seul ouvrage comique du compositeur. Dirigé par Pierre Dervaux avec beaucoup de finesse, la production d'Aix bénéficiait d'une distribution de haut vol (Ganzarolli, Kerns, Alva, Ligabue, Adani...) et d'une mise en scène très vivante de Michel Crochot. Ces atouts maîtres effacèrent la petite déception causée par le réalisme minutieux — mais un peu lourd et terne pour les spectateurs habitués aux émerveillements visuels de l'Archevêché — des décors brossés par Yvon Henry. Cette production et ses reprises, de belle tenue musicale et dramatique, feront chaque fois figure d'événement par la présence dans le rôle-titre d'interprètes de grande stature : après Ganzarolli, c'est Panerai, puis (en

Ariane à Naxos, *avec Mady Mesplé, Jean C*

1971) Gabriel Bacquier, qui apportera au personnage du vieux bouffon une humanité attendrissante. En face de lui et à son échelle, l'inénarrable Mrs. Quickly de Fedora Barbieri.

Richard Strauss et le mélange des genres

Ayant largement illustré les deux genres antithétiques que sont l'*opera seria* et l'*opera buffa*, il était naturel que le Festival en vint à présenter *Ariane à Naxos*, de Richard Strauss et Hugo von Hofmannsthal : étincelante dialectique entre deux modes d'expression, le « sérieux » et le « bouffon », dont les auteurs mettent en scène et en musique l'affrontement, puis l'intrication paradoxale, avec un brio inouï.

Régine Crespin ; décors de Clayette, 1966.

Dans le prologue, Paul Schöffler (le Maître de musique) et Irmgard Seefried (le Compositeur), illustres titulaires de ces deux rôles à Vienne et à Salzbourg; grâce à eux, d'ineffables moments de richesse artistique et affective. À Seefried succédera Tatiana Troyanos qui fera à son tour sensation dans le travesti du compositeur. Du côté des porte-parole de la *commedia dell'arte*, l'Arlequin vif-argent de Robert Kerns et les vertigineuses vocalises de l'ironique Zerbinetta confiées à Gianna d'Angelo, puis à Mady Mesplé. Quant à la *prima donna*, elle empruntera successivement la voix — plus lyrique — de Teresa Stich-Randall et celle — plus dramatique — de Régine Crespin. Plateaux prestigieux, enrobés par les miroitements oniriques de l'univers propre au peintre Pierre Clayette.

L'opéra français

Réclamé depuis plusieurs années, l'opéra français fait son apparition au Festival en 1954, avec l'un des ouvrages les plus populaires du répertoire, *Mireille* de Charles Gounod et une création contemporaine, *Les Caprices de Marianne* d'Henri Sauguet, enlevée par l'irrésistible Graziella Sciutti dans un attachant décor à facettes de Jacques Dupont.

Pour accueillir la très large audience que devait attirer *Mireille*, il fallait un lieu infiniment plus vaste que la cour de l'Archevêché. Pour accueillir l'histoire provençale tirée du poème de Frédéric Mistral et «le premier chant d'adoration de la France du Nord pour la France du Midi» (Robert Kemp), il fallait un haut lieu de la Provence. Ce fut, dans les Alpilles, au pied du célèbre village des Baux, le Val d'Enfer... cadre même de l'un des tableaux de l'ouvrage. Formidable relief de roches calcaires aux formes tourmentées et gigantesques... «Il a fallu construire un vrai théâtre avec des bulldozers. On a tout creusé, on a fait une

Mireille, *aux Baux-de-Provence, 1954.*

immense coquille avec une scène, avec des décors de Wakhevitch qui étaient des décors construits » (Gabriel Dussurget). L'échelle grandiose de l'espace naturel transformait le dispositif scénique et les costumes de Wakhevitch — une fois de plus invité à investir un lieu — en une sorte de crèche animée où les personnages se mouvaient comme des santons sous les yeux de *dix mille* spectateurs éberlués. Car l'on se pressait de toutes parts ; des charters entiers, frétés pour la circonstance, déposaient à l'aéroport de Marseille-Marignane les spectateurs des deux Amériques...

Spectacle hors de mesure. Une sonorisation appropriée transmettait aux plus éloignés les accents de la célèbre partition de Gounod servis par le chef André Cluytens avec sa chaleur et sa vivacité coutumières, les voix qui célébraient le rite provençal, sur lesquelles planait celle de Nicolaï Gedda, sublime de mélancolie ardente. Déroulement solaire sous le ciel obscur, un événement inoubliable.

Quatre jours plus tard, le Val d'Enfer retentissait encore une fois de musique, avec un concert du Philharmonia Orchestra de Londres sous la baguette de Herbert von Karajan. Puis il retournait à son immobilité et à son silence. L'éphémère éblouissement était passé. Les touristes qui, aujourd'hui, arpentent les lieux ne peuvent en déceler la trace...

Autre ouvrage majeur du répertoire français: *Carmen*, le chef-d'œuvre de Georges Bizet. Là encore, large audience, autre lieu. Beaucoup plus proche d'Aix, toutefois: le Tholonet, havre de douceur à six kilomètres de la ville, sur la route de la Sainte-Victoire. Nouvel enchantement. Chatoiement des sons et des couleurs agencées sur la palette jubilante de François Ganeau. Direction vivace de Pierre Dervaux. Personnalité envoûtante de la Carmen de Jean Madeira, altière, mince, brune et colorée, décourageant la critique des puristes du chant par la véhémence de son contralto provoquant. Et les contrebandiers qui, derrière la scène, montaient et descendaient, entre les pins, la colline éclairée... Une fois de plus, le bonheur.

Jean Madeira dans Carmen.

Sur la scène de l'Archevêché, à partir de 1956, l'opéra français trouve sa place sous deux aspects : une certaine tradition de l'*opéra-comique* d'une part, les œuvres des compositeurs contemporains d'autre part.

Du XVIIIe au XIXe siècle, le courant de l'*opéra-comique* constitue le contrepoint à la française de l'opéra bouffe italien, fluctuant entre les limites de la comédie-ballet, du lyrisme souriant et de l'opérette avant la lettre. Le Festival en proposera trois illustrations, qui constitueront pour le public autant de découvertes : *Platée*, de Rameau, « comédie-ballet » (1745), *Zémire et Azor*, de Grétry (1771) et *Le médecin malgré lui*, de Gounod (1858). C'est *Platée* qui créera l'événement et le triomphe, par la verve des décors et des costumes de Jean-Denis Malclès, l'habileté de Hans Rosbaud à faire ressortir, à travers le burlesque, le raffinement de la partition (du grand Rameau, sur un ton inhabituel) et l'époustouflante composition du ténor Michel Sénéchal, travesti en vieille nymphe ridicule, pâmée d'amour dans son marais.

L'ouverture au XXe siècle de l'opéra français est marquée par la production du chef-d'œuvre de Claude Debussy : *Pelléas et Mélisande*. La lutte intense et sourde entre la poésie du rêve et

Platée, *avec Michel Sénéchal, 1956.*

l'oppression du contexte — si souvent escamotée au profit d'une vision qui tire abusivement l'ouvrage vers le « suave » et l'« impalpable » — nous était cette fois restituée : grâce à la direction de Serge Baudo (l'étoffe et l'architecture orchestrales ne s'effaçant pas derrière les subtilités de la palette instrumentale), grâce à la puissance des tableaux successifs brossés par Jacques Dupont, dont les irisations et les brumes nordiques ne gommaient nullement la vigueur sombre. Le peintre assumait de surcroît la mise en scène des personnages dans l'univers qu'il avait créé. Et Gabriel Bacquier faisait des débuts impressionnants dans le rôle de Golaud. L'on n'est pas près d'oublier non plus l'admirable composition de Roger Soyer dans le rôle d'Arkel, lors de la reprise de 1968.

L'opéra de notre temps

Quelques années après la création des *Caprices de Marianne* d'Henri Sauguet, c'est *La Voix humaine* de Francis Poulenc qui trouve place sur la scène de l'Archevêché, associée au *Médecin malgré lui* de Gounod : brève tragédie — à une voix et en un acte — sur le texte déchirant écrit par Jean Cocteau pour le théâtre. Le poète lui-même en a conçu le décor et met en scène la bouleversante Denise Duval, interprète inégalée de cette déclamation lyrique hachée par la souffrance du cœur.

Suivront *Lavinia* d'Henry Barraud (création), retrouvant la tradition de l'opéra-comique sur un livret de Félicien Marceau, spectacle d'une savoureuse cocasserie, ainsi que *Les Malheurs d'Orphée* de Darius Milhaud, transposition provençale du mythe d'Orphée due à la plume d'Armand Lunel : dans une Camargue illustrée par Jean-Denis Malclès sur un ton d'humour tendre, Orphée est devenu un guérisseur campagnard, Eurydice une gitane ; ils évoluent vers leurs morts respectives

Les Caprices de Marianne*: le compositeur, Henri Sauguet, dans le rôle du Mendiant, 1954.*

Les Malheurs d'Orphée, *Darius Milhaud et Armand Lunel entourés par la troupe, 1972.*

entre les artisans du village, les animaux de la montagne et les bohémiennes vengeresses. L'œuvre, profondément touchante par la compassion qui l'imprègne, est servie avec ferveur.

Des Camarguais aux cathares: en 1971, le Festival élargit le champ de ses références régionales et accueille à l'Archevêché un opéra chanté en langue occitane. C'est *Béatris de Planissolas* de Jacques Charpentier sur un livret rédigé, à la demande du compositeur, par René Nelli, spécialiste de l'histoire et la langue d'oc. Mais l'ouvrage ne passionne pas.

Les compositeurs étrangers ne sont pas oubliés dans l'ouverture du Festival aux œuvres lyriques de notre siècle. Deux productions sont consacrées à Igor Stravinsky: *Noces*, en 1962, scènes chorégraphiques, animées par le célèbre Georges Skibine, alliant au ballet les voix et un orchestre de percussions et pianos; le rutilant décor était dû à Natalie Gontcharova, illustre décoratrice des Ballets Russes de Diaghilev. Après *Noces*, *L'Histoire du Soldat*, ouvrage de tréteaux, histoire « lue, jouée et dansée » avec le soutien d'un petit orchestre. Conçue pour un théâtre ambulant, pour la rue ou la place publique, cette même œuvre sera choisie, quelques années plus tard, par l'Association *Musique dans la rue* pour un spectacle gratuit offert sur le cours Mirabeau aux habitants de la ville.

En 1970, le Festival fait aussi découvrir à la France un aspect particulier de l'œuvre lyrique de Benjamin Britten: deux de ses « paraboles pour représentation à l'église » sont successivement présentées par l'English Opera Group (émanation de l'Opéra royal de Covent Garden, à Londres). À cette double occasion, le Festival sortit à nouveau de ses murs pour offrir à ses fidèles deux soirées sous les voûtes romanes de la basilique de Saint-Maximin (à quelque trente-cinq kilomètres à l'est d'Aix-en-Provence). *La Rivière aux courlis*, *Le Fils prodigue*: soirées fascinantes dans leur dépouillement, la beauté des attitudes, l'éloquence de quelques éléments scéniques simples, très épurés, et la sérénité du cadre ; musicalement, les références au chant grégorien s'intègrent à une écriture d'une grande subtilité, qui se fait aussi l'écho des sources asiatiques de ces ouvrages. Ces deux spectacles sont aussi l'occasion pour les Français de découvrir un baryton de grande envergure : Benjamin Luxon.

Troisième Interlude

La Librairie des Facultés

C'est en 1953 que les étudiants en lettres et en droit quittèrent la vieille ville pour le quartier des Fenouillères, « hors murs ». Jusque-là, la faculté des lettres occupait le magnifique Hôtel de Maynier d'Oppède, devant la place de l'Archevêché, et la faculté de droit, l'imposant bâtiment immédiatement voisin qui, sur la place de l'Université, fait face à la cathédrale.

Quelques mètres plus bas dans la rue Gaston-de-Saporta s'ouvrait l'étroite devanture de la Librairie des Facultés. Une fois entré, l'on se frayait un chemin entre les trésors accumulés. Les ouvrages de droit et la littérature la plus variée — éditions introuvables, souvent — le disputaient aux livres d'art et d'architecture, aux témoignages et documents peu connus de peintres, écrivains et musiciens, et, bien sûr, aux photos d'Aix et de son festival. Sur ces richesses veillait un petit homme fluet, comme moulé dans l'exiguïté du lieu. Épaisse chevelure, où les fils argentés se substituaient inexorablement au châtain clair, visage étroit, regard bleu pâle, qui s'illuminait d'amitié à l'apparition de ceux qui partageaient ses enthousiasmes : le libraire Jean-Baptiste Brondino. Plusieurs fois par an, Jean-Baptiste « montait » à Paris faire main basse sur les fonds de rayon de ses correspondants éditeurs ou libraires, rapportant à « ses étudiants » maints ouvrages épuisés et précieux qu'il réservait aussi à la curiosité et à l'appétit des amis que le festival lui ramenait tous les étés. Il les leur montrait discrètement, comme des offrandes électives. Pour quelques francs d'aujourd'hui, l'on ressortait les bras chargés des premiers Cahiers de la Pléiade, de textes rares, d'images inconnues... et les oreilles tintantes d'anecdotes aixoises.

Un jour, un vieil homme, mi-chiffonnier, mi-clochard, tirant une charrette à bras, remonte la rue et marque un temps devant la librairie, pour échanger à travers la vitrine un salut cordial avec Jean-Baptiste. « Tu vois, dit Jean-Baptiste, celui-là, il a connu Cézanne. »

Un autre jour, un journaliste en mal de copie festivalière vient demander une interview à Jean-Baptiste, qui se prête complaisamment à ses questions, puis finit par se lasser. Interrogé sur sa situation de famille, il répond : « J'ai une femme et une fille, que j'adore toutes les deux... Et puis, j'ai une maîtresse... » Et, devant le journaliste interloqué, il poursuit d'une voix véhémente : « Oui, Monsieur ! Une maîtresse de pierre ! Vous la trouverez tout près de la ville ; elle s'appelle la montagne Sainte-Victoire. » L'entretien tourne court.

Les étudiants sont partis, mais la Librairie des Facultés, animée par le souffle de Jean-Baptiste, reste un havre discret, un lieu de palpitation spirituelle, un point de ralliement pour les habitants d'Aix, les flâneurs avides de découvertes, les habitués du festival, spectateurs et acteurs. Les soirs de spectacle ou de concert à l'Archevêché, la librairie est généralement ouverte ; quelques dizaines de personnes vont y passer le moment de l'entracte ou s'y arrêtent à la sortie. Bonheur supplémentaire.

Jean-Baptiste est mort. Durant quelques années, la librairie subsiste. Désormais bien ordonnée, aux ambitions intimistes, mais sans surprises, sans découvertes non plus, banalisée, pasteurisée. Que fait-elle désormais, cette librairie, esseulée au haut de la ville? Elle ne résistera qu'un temps à la densité commerciale du centre-ville si proche. Aujourd'hui, c'est un salon de thé.

Chapitre six

Gabriel Dussurget et ses chanteurs

Pour constituer ses distributions, Gabriel Dussurget a souvent fait appel aux meilleurs interprètes reconnus des rôles à tenir, notamment aux Viennois: Emmy Loose, Ollendorf, Kunz, Schöffler, Irmgard Seefried...

Fritz Ollendorf et Emmy Loose dans L'Enlèvement au sérail, *1951.*

Mais pour la plus grande gloire du Festival, il a plus souvent encore exercé son talent de *sourcier* à détecter de jeunes chanteurs dotés non seulement de voix d'exception, mais d'une personnalité physique et théâtrale correspondant aux rôles qu'il leur destinait.

Il est impossible de dresser ici la liste exhaustive des chanteurs découverts par Gabriel Dussurget. Qu'ils fussent débutants ou professionnels déjà confirmés, Aix leur offrit le lancement de leur carrière ou l'épanouissement de leur renommée ; pour les spectateurs, ce fut une longue suite de révélations et d'émerveillements. Quelques noms suffisent à illustrer cette prodigieuse récolte : Capecchi, Cortis, Arie, la ravissante Maria Moralès, trop vite retirée de la scène, Graziella Sciutti, Teresa Stich-Randall, Teresa Berganza, Panerai, Alva, Gundula Janowitz, Bacquier, Christiane Eda-Pierre, Jane Berbié, Soyer... L'on reste confondu ! Et Fritz Wunderlich, qui fut le premier Tamino d'Aix (1958), avant de chanter à Salzbourg ce rôle où il fut sans rival au cours de sa trop brève carrière (il mourut en 1966, à trente-six ans... Un météore).

Gabriel Dussurget a expliqué à *L'Avant-Scène Opéra* (*op. cit.*) comment il menait sa quête : « J'ai toujours auditionné moi-même tous les chanteurs que j'engageais [...]. Et dans le rôle que je leur destinais. Et pas seulement un air : je voulais qu'ils me chantent à peu près tout l'ouvrage et qu'ils me disent les récitatifs [...] Pour en découvrir un, j'en écoutais des quantités. Je passais mon temps à cela. »

Quelques découvertes majeures : « ... Luigi Alva, qui a chanté Ferrando, puis Don Ottavio. Je venais de faire une série d'auditions à Milan et je quittais mon hôtel lorsqu'il est arrivé et a tenu à ce que je l'écoute sur-le-champ. Il m'a chanté *Don Pasquale* dans le hall. Je l'ai engagé. Un autre jour, j'étais à Venise, et l'on me signale une certaine Anja Silja [...]. Elle est venue chanter la Reine de la Nuit à Aix alors qu'elle avait seize ou dix-sept

Anja Silja dans la Reine de la Nuit, 1959.

ans. Elle était fantastique. Fabuleuse. Si Anja Silja n'avait pas rencontré Wieland Wagner qui lui a fait changer le cours naturel de sa carrière, elle aurait été une hyper-Callas. C'est le colorature dramatique le plus extraordinaire qu'on ait jamais entendu. Sa voix, dans la Reine de la Nuit, sonnait comme une trompette: comme cela doit être d'ailleurs, la Reine de la Nuit est soprano dramatique. Et Anja Silja était et est une musicienne de premier ordre mais, la voix, hélas, s'est très vite abîmée.

« En 1953, j'ai engagé Teresa Stich-Randall. Je l'avais entendue au Concours de Genève, où une certaine Mlle Lafayette avait remporté le premier

Teresa Stich-Randall et Pilar Lorengar dans Les Noces de Figaro, *1955.*

prix, alors que Teresa n'avait pas eu de prix. Elle a débuté à Aix dans Fiordiligi et dans la Comtesse.

« En 1957, j'ai fait débuter l'autre Teresa, la Berganza. Elle était venue me voir à la Comédie des Champs-Élysées. [...] Je l'ai engagée sur-le-champ elle aussi, pour Dorabella. Elle était passée dans tous les théâtres de France et d'Europe, elle avait été refusée partout. Vous savez, dans la plupart des cas, on ne se donne pas la peine d'écouter les inconnus. J'ai fait engager à l'Opéra de Paris, José van Dam alors qu'il avait dix-neuf ans. Malgré mes avis, on l'en a renvoyé deux ans plus tard : voyez quelle carrière il a fait depuis.

« En 1960, Gabriel Bacquier a fait ses débuts aixois dans *Don Juan*. Il était, lui aussi, venu me trouver. Il chantait en province. Je lui ai demandé de travailler *Don Juan*, il l'a travaillé et je l'ai engagé.

Gabriel Bacquier et Wladimir Ganzarolli, dans Don Giovanni, *1964.*

« M. Massard, que j'ai engagé, était garagiste à Pau. Un jour je me trouvais dans un bureau de poste. J'y rencontre une dame qui me parle d'Aix. Je lui dis que tout va bien si ce n'est que je ne trouve pas de chanteur pour interprèter Thoas dans *Iphigénie eu Tauride.* Il y avait là un monsieur, qui, ayant entendu notre conversation, me dit : "Je n'y connais rien, mais j'habite Pau et je vous assure qu'il y a un jeune garagiste qui a une voix superbe." Il m'a donné l'adresse, j'ai écrit à Massard, il est venu, il a auditionné, je l'ai engagé. Je lui ai d'ailleurs dit de travailler la musique mais surtout pas le chant. Il chantait parfaitement. »

Et d'évoquer aussi Christiane Eda-Pierre, Nadine Denize, Roger Soyer, recrutés dans les chœurs (au Conservatoire de Paris), distribués dans de petits rôles, puis dans les grands.

Roger Soyer et Nicole Menut
dans Pelléas et Mélisande, *1968.*

Nombre de ces chanteurs révélés à Aix sont devenus les piliers du Festival. Au cours de la première décennie, Cortis, Panerai, Sciutti, Stich-Randall font régulièrement les beaux soirs de l'Archevêché, bientôt rejoints par Adani, Alva, Berganza, Sénéchal et Jean-Christophe Benoît, puis — dans les années soixante — par Eda-Pierre, Berbié, Kerns, Bacquier, Soyer ou Janowitz. Le relais est assuré, mais — hélas — les premiers nuages vont bientôt poindre à l'horizon.

Robert Kerns et Jane Berbié
dans La Flûte enchantée, *1965.*

Quatrième Interlude

Le dragon et le douanier

*Sorte de chimère hérissée d'ailes aux lames acérées, son cou puissant bardé d'épines menaçantes, le monstre marin dessiné par Suzanne Lalique pour terrifier les Crétois d'*Idoménée *se déplie, se déploie devant les irisations méditerranéennes du rideau de fond. Et les chœurs crétois de se disperser (*« Corriamo, fuggiamo [...] corriamo, fuggiamo... »*) communiquant — avec l'aide de Mozart — leur frayeur au public.*

Tous eussent été moins impressionnés s'ils avaient su les avatars courtelinesques vécus par le monstre quelques jours auparavant... à la douane de Marseille.

*Tandis que l'on montait les décors d'*Idoménée, *la direction du Festival avait reçu des douaniers, tout à fait perplexes, un appel téléphonique : une énorme caisse venait d'arriver à l'adresse du Festival, portant la mention* « Dragon ». *Or, la caisse résonne d'inquiétants rugissements. Le « dragon » en provenance d'un fabricant d'automates bruxellois était, certes, attendu avec impatience au Festival. Mais les rugissements étonnent la Direction comme les douaniers.*

Idoménée, *l'apparition du dragon, 1963.*

La Direction dépêche à Marseille le général Clément, bras droit du président Bertrand qui s'apprêtait à prendre lui-même en main les rênes du Festival, si fermement tenues jusque-là par Roger Bigonnet (cf. chap. VII). La caisse est ouverte sous les yeux de Claude Clément : deux rats de taille impressionnante s'en échappent, qui s'étaient acharnés à faire sonner les articulations du monstre comme un colossal Glockenspiel.

Faute de documentation précise concernant l'importation des dragons, la douane de Marseille n'aurait délivré au monstre un permis de séjour que sous condition de son retour ultérieur à l'envoyeur !... Dixit *du moins le journaliste anonyme d'un quotidien régional dont nous n'avons pu retrouver les références. Que l'un et l'autre nous pardonnent !*

Chapitre sept

Des nuages à la crise

La mort de Hans Rosbaud fut une perte immense pour la vie artistique du Festival. Cependant, des chefs d'envergure se succèdent pour assurer la relève; en particulier, le maître Alberto Erede, à qui le Festival doit une *Flûte enchantée* d'un superbe équilibre et un *Don Giovanni* impressionnant de souffle grave. Cortis disparaît aussi, qui avait tant contribué à animer le plateau de l'Archevêché. De nouveaux interprètes — nous venons de le voir — apportent aux soirées d'Aix enthousiasme et talent. Un metteur en scène aussi, Michel Crochot, qui s'intègre à l'équipe de direction artistique et assurera, entre 1960 et 1971, la mise en scène de cinq ouvrages: *Idoménée, Didon et Énée, Le Couronnement de Poppée*, puis *Les Malheurs d'Orphée* et *Falstaff*. Mises en scène qui se distinguent par leur lisibilité et leur sensibilité dramatique. En ce début des années soixante, la vie continue, toujours riche de découvertes et de réussites.

L'événement qui va miner la vie du Festival survient à la fin de l'année 1963: à la suite de ténébreuses histoires internes au capital et à l'administration du Casino, Roger Bigonnet, mis en minorité au Casino, est écarté de la direction du Festival. Fini le règne du mécène éclairé, soutenant avec une générosité passionnée les efforts de Gabriel Dussurget et de son équipe. Jean Bertrand, président-directeur général du Casino prend lui-même en main la direction générale du Festival. « Jean Bertrand était essentiellement un homme d'affaires et sa haute stature autant que son assurance en imposait à quiconque l'approchait. Soucieux de la prospérité de la société financière qu'il dirigeait, il était l'homme de la rigueur financière et des économies. Aussi le savait-on prêt à discuter pied à pied le salaire d'une femme de ménage autant que le cachet d'une artiste, fût-elle la Reine de la Nuit, comme ce fut le cas en 1971. » Ainsi le décrit Pierre Gay, représentant de la Ville auprès du Festival pendant de longues années, dans sa plaquette intitulée *Trente ans de festival à Aix-en-Provence ou la mémoire d'un témoin privilégié*. Dès l'abord, Jean Bertrand ne mâche pas ses mots: « Le Casino est une société commerciale privée qui comporte trois activités distinctes: le spectacle, la restauration et les jeux, réunis sous une direction unique... La Société du Casino doit être entièrement maîtresse des programmes du Festival car ils doivent être prévus de telle sorte qu'ils satisfassent avant tout la clientèle du Casino. » Et de dénoncer « les regrettables abus dans la gestion du budget artistique » dont serait responsable la gestion antérieure. Il s'avèrera dans les années qui suivront que le Casino entendait limiter les dépenses artistiques du Festival et faire peser sur les collectivités qui le subventionnaient la charge d'éventuels surcoûts en la matière. Depuis le début des années cinquante, la Ville puis l'État et le Département apportaient, en effet, au Festival des subventions qui, initialement modestes, étaient devenues très importantes, compte tenu du haut niveau et de la notoriété nationale et internationale qu'il avait vite atteinte.

Aussi le directeur de la Musique au ministère des Affaires culturelles, Marcel Landowski, s'étonnera-t-il de constater dans les prévisions budgétaires de 1970 que «les frais artistiques demeurent à peu près constants et que les dépenses administratives et techniques dépassent les prévisions artistiques». Et d'ajouter: «Il y a là quelque chose à revoir» (cité par Pierre Gay)!

De plus en plus fréquemment entravé dans ses initiatives, Gabriel Dussurget aura beau multiplier ses efforts, il verra, à partir de 1967-1968, ses moyens d'action se restreindre, le climat de travail se détériorer et l'image du Festival pâlir aux yeux des spectateurs et d'une presse pas toujours bienveillante.

«L'équipe n'était plus la même, dit-il, l'entente parfois problématique, et quand il n'y a plus d'amour, on ne peut plus réaliser, vivre, créer.»

De 1967 à 1969, pas de production nouvelle. Les contraintes pèsent aussi sur la richesse des distributions; certains rôles sont plus faiblement tenus.

Derniers feux: 1970, l'Isabella de Jane Berbié dans la très belle production de *L'Italienne à Alger*, ainsi que les deux ouvrages de Britten présentés à Saint-Maximin (voir fin du chap. v); en 1971, le Tamino d'Éric Tappy et le Falstaff de Bacquier; en 1972, l'apparition de Teresa Zylis-Gara, Edda Moser, Siegmund Nimsgern et Vicente Sardinero, mais pas de production neuve.

Las des rebuffades, des attaques et des vexations, constatant le caractère rédhibitoire des entraves apportées par le Casino à sa politique artistique, Gabriel Dussurget démissionne au terme du Festival de 1972. Une époque s'achève: le «magicien d'Aix» est parti.

Cinquième Interlude

La montagne Sainte-Victoire, omniprésente

De quelque côté que l'on approche ou que l'on sorte d'Aix, on la découvre à un détour de la route, comme un signal gigantesque. Elle dresse au-dessus de la campagne aixoise, jusqu'à mille mètres, sa falaise de calcaire blanc, que rosira le soleil couchant. Divinité tutélaire, elle veille sur la ville tapie dans le creux des collines. Nul ne peut ignorer sa présence, oublier cette silhouette hors d'échelle qui s'inscrit dans l'azur ; à la fois pyramide et sphinx.

La montagne Sainte-Victoire.

Elle est gloire et énigme, exigence et apaisement. Sauf à monter sur la tour de la cathédrale, au haut du clocher de Saint-Jean-de-Malte ou au rang le plus élevé des nouveaux gradins du théâtre de l'Archevêché, on ne la voit que lorsqu'on quitte les murs; mais on sait qu'elle est là. Elle exerce sur chacun, habitant ou visiteur, une sorte de fascination obsédante.

Le plus illustre des Aixois a éprouvé si intensément cette obsession qu'il n'a cessé de s'acharner, tout au long de sa vie, à faire ressurgir sur la toile sa silencieuse majesté. Il a fait de la Sainte-Victoire un thème — le thème — majeur de son œuvre. Il en a fait vibrer toutes les variations, sous tous les angles: de Bibémus, de Château-Noir, du Tholonet (où une stèle marque l'un des lieux de son travail, sous un bouquet de pins, au pied d'un vieux moulin), du Jas de Bouffan, de Gardanne ou des Lauves. Partitions de masses, de plans et de lumières...

Jeune, Paul Cézanne se rendait « sur le motif » par de longues marches, son attirail sur le dos. L'âge venant, il y alla en carriole. Il louait, ici ou là, un cabanon, une modeste chambre dans une bastide, pour rester à pied d'œuvre. Les Aixois n'ont pas cessé de le dédaigner de son vivant. Jamais ils ne lui ont acheté une toile. Les gosses jetaient des pierres sur le passage du vieux bougon de la rue Boulegon...

Les Aixois sont bien punis, aujourd'hui. Les Sainte-Victoire de Cézanne trônent aux places d'honneur des collections privées comme des plus grands musées du monde: américains, soviétiques, londoniens, allemands, suisses, japonais, ... et — heureusement, aussi — parisiens. Mais le musée Granet, à Aix, à côté de l'église Saint-Jean-de-Malte, ne dispose que de quelques esquisses ou aquarelles d'importance mineure, dues à quelques générosités récentes. La présence de Cézanne, qui glorifie le pays, y est paradoxalement dérisoire.

En 1968, la Sainte-Victoire est apparue sur le rideau de fond de scène de l'Archevêché, au quatrième acte des Noces de Figaro, *dans le décor de Pierre Clayette.*

Deuxième époque
1974-1981

Aix à l'heure du bel canto

Chapitre huit

1974 : la relance - une nouvelle politique artistique

En juillet 1973, point de spectacle à Aix. Quelques concerts témoignent de ce que le Festival n'est pas mort, mais exsangue.

Les meilleurs médecins se pressent au chevet du malade, décidés à sauver cette vie précieuse : au titre des Affaires culturelles, Marcel Landowski — nous l'avons vu — s'attache de très près à la survie et à l'évolution du Festival, avec l'appui de son ministre, Jacques Duhamel, et le concours de divers organismes de l'État. La Ville d'Aix-en-Provence, sous l'impulsion de son maire, Maître Félix Ciccolini, et de Pierre Gay, se bat, elle aussi, en liaison avec l'État, pour le renflouement du Festival qui lui a donné une image internationale.

Dès l'été de 1972, le ministre Jacques Duhamel avait confirmé au Casino la dénonciation de la convention passée entre lui et l'État. Face à la réorganisation en cours, le Casino se place en position de retrait. La relance du Festival s'effectuera sans lui. La Société du Casino rejoindra la nouvelle équipe promotrice en 1976, à titre de « coproducteur ».

À l'automne de 1973 est constituée une « *Association pour l'organisation d'un festival d'art lyrique et de musique à Aix-en-Provence.* » Elle est présidée par le maire de la Ville et groupe autour de lui, outre certains de ses collaborateurs, des représentants de l'État (ministère des Affaires culturelles, Caisse nationale des monuments historiques et des sites, ministère des Affaires étrangères), du Département (plus tard, aussi, de la Région) et de l'O.R.T.F., qui a diffusé et continuera à diffuser nombre des spectacles du Festival. L'Association des Amis du Festival étaye toujours leur action. Tous les partenaires apporteront leur participation financière, sous des formes diverses. La Ville jouera désormais un rôle majeur dans la vie de *son* festival et le ministère des Affaires culturelles lui apporte un « sensible accroissement de moyens financiers ».

Simultanément, le ministre Jacques Duhamel nomme le nouveau directeur : Bernard Lefort, qui va s'atteler à la tâche de rebâtir le Festival sur des bases nouvelles et lui fera retrouver en peu d'années une renommée internationale.

Bernard Lefort a cinquante et un ans. A trente-huit ans, une grave maladie a interrompu la carrière de baryton qu'il avait entreprise. Homme d'action, il s'est lancé dans la direction artistique, notamment au Festival de Lausanne, puis à l'Opéra de Marseille qu'il a dirigé de 1965 à 1968. Il connaît bien le Festival d'Aix, ses richesses de longue date et ses difficultés récentes. Il vient de codiriger pendant deux ans, avec Daniel-Lesur, l'Opéra de Paris.

Il n'est pas indifférent de noter que Bernard Lefort, comme Gabriel Dussurget, a longuement séjourné en Afrique du Nord ; avec des goûts, des conceptions, des tempéraments fort différents, les deux directeurs successifs sont des hommes marqués par l'esprit méditerranéen de la fête, par la célébration solaire, par l'éclat de l'événement. Concordance qui va sans doute contribuer à assurer une certaine continuité du climat aixois, en dépit d'options artistiques assez éloignées les unes des autres.

Bernard Lefort.

État des lieux

En même temps qu'il établit et qu'il affirme sa politique artistique, Bernard Lefort doit faire face à un problème d'un autre ordre : le délabrement du Théâtre de l'Archevêché.

« À ma prise de fonction, le Théâtre de l'Archevêché n'existait plus en tant que lieu de spectacle. En raison de son extrême vétusté, la Commission de sécurité avait dû se résoudre à interdire purement et simplement l'utilisation de l'ancien dispositif. Il fallait donc, en même temps, reconstruire la salle et définir, compte tenu de l'envergure que je souhaitais redonner au Festival, une politique au niveau de ses principaux lieux d'expression dans le futur. Grâce au soutien du Conseil d'administration et de la Ville qui en assurèrent le financement, à une multiplicité d'interventions de ma part, miraculeusement, dès la première année, le parterre du théâtre était achevé. Le balcon le fut l'année suivante; la scène, les équipements techniques indispensables aux exigences des metteurs en scène actuels, les accès, au cours des deux ans qui suivirent. Construit selon les normes imposées par les Services de sécurité, je comprends que beaucoup de spectateurs aient été attristés de découvrir du fer et du plastique dans un cadre où le bois et le velours s'étaient jusque-là mariés harmonieusement. À ce regret, que je partage, s'ajoute aussi l'amère constatation de la disparition de quatre cent cinquante places. » (Bernard Lefort, « Entretien avec Sergio Segalini », in *Trente ans de Festival, op. cit.*)

Le nouveau théâtre compte environ mille deux cents places.

Ajoutons que le regret engendré par l'aspect du théâtre ainsi transformé ne tenait pas seulement aux matériaux (ou à la couleur des sièges), mais aussi à la morphologie de la nouvelle « salle »: rigidité frontale du parterre et du balcon, évoquant la platitude des grandes salles de cinéma des années cinquante et défigurant l'espace, l'architecture et l'harmonie de la cour.

La politique artistique de Bernard Lefort

Dans le programme de sa saison inaugurale (1974), Bernard Lefort affirme son projet et ses options avec clarté et énergie: « Le Festival d'art lyrique et de musique d'Aix-en-Provence doit être une grande fête du Chant; le Chant y régnera en Maître absolu, et chaque manifestation lui sera consacrée en tout ou partie ».

Bernard Lefort avec Montserrat Caballé.

Le chant va, en effet, régner en maître au cours des huit festivals dirigés par Bernard Lefort, et ce, de trois façons :
— le répertoire d'opéra fait une place dominante aux ouvrages relevant du *bel canto*, de Haendel à Verdi, en passant par Cherubini, Donizetti, Rossini
— à côté de jeunes chanteurs de grand talent que Bernard Lefort aura, à son tour, à cœur de lancer, le nouveau directeur s'attache à faire défiler à Aix — sur scène ou en concert — les plus grandes gloires du chant : Montserrat Caballé, Birgit Nilsson, Elisabeth Schwarzkopf (déjà venue en 1954, pour un récital accompagné par Hans Rosbaud lui-même), Martina Arroyo, Kiri Te Kanawa, Janet Baker, Jessye Norman, Leonie Rysanek,

Grace Bumbry ou Marilyn Horne, sans parler des habituées (Troyanos, Berganza...); il invite aussi à se produire les plus prestigieuses représentantes du chant relevant de « cultures » différentes : Joan Baez ou Ella Fitzgerald, place des Cardeurs, Taos Amrouche, interprète de chants berbères et de chants espagnols anciens, dans les trois abbayes cisterciennes de Provence (Le Thoronct, Silvacane, Sénanque)
— la quasi-totalité des concerts est désormais consacrée au chant ou inclut des pièces chantées ; la formule « Une heure avec... », brefs récitals de fin d'après-midi, permet, d'autre part, de faire mieux connaître au public nombre de jeunes chanteurs. Elle sera maintenue sous la direction ultérieure de Louis Erlo.

Et Mozart ? « Mozart naturellement garde sa place, mais perd son "privilège" », répond Bernard Lefort. Si l'on met à part *Le Directeur de Théâtre*, brève « comédie avec musique » en un acte, incluse dans un délicieux spectacle présenté en 1974 et repris en 1975 sur la place des Quatre-Dauphins, les opéras de Mozart n'apparaissent plus qu'au rythme d'un par an sur la scène de l'Archevêché ou, certaines années, pas du tout : 1975, 1978. L'intérêt des productions varie ; nous le verrons plus loin.

Il y aura aussi le divertissement, dans l'esprit aixois, qui conserve ses droits. Il permet à Bernard Lefort, par les spectacles montés place des Quatre-Dauphins (Mozart, Pergolèse, Cimarosa, Donizetti), d'accroître l'osmose entre la ville et son festival, considéré par certains comme trop « élitaire » et insuffisamment accessible aux Aixois, reproche qu'a fait surgir Mai 68. À ce désir d'une plus grande ouverture sur le public de la ville correspondent aussi certaines initiatives évoquées plus haut : Joan Baez ou Ella Fitzgerald sur la place des Cardeurs, la formule « Une heure avec... »

Deux autres traits marqueront la direction de Bernard Lefort : l'importance accrue donnée aux metteurs en scène et la politique de coproduction.

« Si la qualité musicale va de soi dans un festival de musique, je pense qu'il faut concevoir un festival d'opéra à partir des exigences actuelles du metteur en scène et de sa propre lecture » (Bernard Lefort à Sergio Segalini, op. cité). Cette mise en exergue des formes contemporaines de la mise en scène et de la vision personnelle que le metteur en scène apporte à l'œuvre se traduira notamment par les interventions d'Antoine Bourseiller et, plus tard, de Pier Luigi Pizzi, mais surtout par celle de Jorge Lavelli qui, de 1975 à 1979, assurera avec la force de son langage propre la présentation scénique de quatre ouvrages.

La politique de coproduction impose un certain nombre de contraintes, dont le risque — parfois — de voir réduite la spécificité d'un spectacle *de festival*, supposé conçu pour un lieu, un esprit, un climat; mais elle présente l'avantage de grouper les moyens artistiques et financiers des coproducteurs. Bernard Lefort — évitant les risques, utilisant les avantages — va s'y attacher énergiquement dès le début et tout au long de son mandat, tant avec de grandes scènes étrangères ou l'Opéra de Paris qu'avec les principales scènes régionales françaises. Qu'on en juge:

1974: *La clémence de Titus* est coproduite avec l'Opéra de Marseille, *Luisa Miller* avec l'Opéra du Rhin

1975: *Le Carnaval de Venise* est coproduit avec le Capitole de Toulouse, *Elisabeth, reine d'Angleterre* avec le Festival d'Arles, *L'Élixir d'amour* avec l'Opéra du Rhin

1976: *La Traviata* est coproduite avec le Capitole de Toulouse, mais aussi Marseille, Rouen et Bordeaux...

En 1980, *Sémiramis* associera au Festival l'Opéra de Paris, le Teatro Comunale de Gênes, le Teatro Regio de Turin.

Cette pratique facilitait aussi la venue régulière à Aix d'orchestres de qualité appelés à assurer l'exécution des ouvrages lyriques. Il se posait, en effet, un problème à cet égard: la Société des Concerts du Conservatoire, puis l'Orchestre de Paris, son successeur, avaient assumé — superbement — la quasi-totalité des représentations de l'Archevêché. L'Orchestre de Paris n'étant désormais plus disponible pour remplir cette tâche, les coproductions ont permis d'attirer à Aix, au gré des spectacles, des formations orchestrales solides et éprouvées, intimement liées à la vie artistique des coproducteurs. Ainsi de l'Orchestre du Capitole de Toulouse ou de l'Orchestre philharmonique de Strasbourg (avec l'Opéra du Rhin).

Une autre initiative de Bernard Lefort fut de faire prendre le chemin d'Aix à diverses formations orchestrales britanniques: l'English Chamber Orchestra, puis le Scottish Chamber Orchestra et l'Académie Saint-Martin in the Fields.

Sixième Interlude

L'attente ensoleillée de la fête du soir

Trois heures de l'après-midi : le soleil écrase la blondeur sèche des champs étalés entre les doux ressauts de la campagne aixoise. Immobilité torride. Seuls deux jeunes gens cheminent dans la brume de lumière, s'arrêtant ici et là à l'ombre d'un bouquet de pins ou d'une allée de cyprès, plongeant soudain leur corps dans l'eau miroitante d'une tranchée d'irrigation. Pour les Aixois, habitants de la ville ou de la campagne, comme pour tous ceux qui, tapis à l'abri des murs ou sous les ombrages, songent avec un frémissement anticipé aux enchantements de la fête du soir ; la stridulation des cigales rythme seule le temps de l'attente ; silence sonore à peine rompu, de temps à autre, par le ronronnement d'une voiture sur la route qui sinue au voisinage.

Bientôt la chape brûlante se lèvera, les rues d'Aix s'animeront à nouveau du bruit des pas et des voix. Enfin, ce sera, dans l'air bleuissant, le moment de l'approche, la douce montée vers l'Archevêché, véritable début de la fête, la convergence un peu fébrile vers le lieu du miracle : magies de l'artifice, couleurs et mouvements, pulsions de joies et de violences, émois des sens et du cœur, portés par la scène et par la musique sous la nuit revenue...

Chapitre neuf

Le festival remis à flot

Bernard Lefort va appliquer avec beaucoup de vigueur la politique qu'il a définie. Le programme de sa première saison (1974) traduit immédiatement ses options. Aix, cité du chant: plus de vingt-cinq concerts et récitals, *tous* consacrés — en tout ou partie — à des œuvres lyriques, profanes ou sacrées. L'opéra reflétant les trois axes retenus: une œuvres de Mozart à l'Archevêché (*La clémence de Titus*), un spectacle de tréteaux sur la place des Quatre-Dauphins (Mozart-Pergolèse), un premier ouvrage de *bel canto* romantique à l'Archevêché (*Luisa Miller*, de Verdi).

En peu d'années, le nouveau directeur va redonner confiance au public d'Aix et restituer au Festival son aura particulière et un rayonnement international.

Le divertissement à l'aixoise

Le premier spectacle monté sur l'exquise place des Quatre-Dauphins est réalisé en collaboration avec l'Association *Musique dans la rue*, qui s'attache à proposer, hors festival, des concerts aisément accessibles aux Aixois. Cette collaboration témoigne du désir de Bernard Lefort d'accentuer l'osmose entre le festival et la ville. Dans la scénographie conçue par Roger Harth, Jean Le

Poulain apporte à la mise en scène et au rôle-titre du *Directeur de théâtre*, de Mozart, son inimitable sens du comique. Spectacle d'une parfaite gaieté : à la brève dispute de deux cantatrices qui constitue le thème du *Directeur de théâtre* succède l'affrontement de la servante et du barbon, avec *La Servante maîtresse*, intermezzo génialement ciselé par Pergolèse. Donné cinq fois, ce spectacle suscite l'enthousiasme ; il est repris l'année suivante et la place des Quatre-Dauphins s'inscrira jusqu'en 1982 comme le lieu aixois de l'*opera buffa* traditionnel (les récriminations de quelques riverains contraindront ensuite le Festival à l'abandonner). En 1977, un nouveau spectacle (Cimarosa-Donizetti), puis le *Don Pasquale* de Donizetti, en 1978, y sont présentés avec le même bonheur. Les meilleurs chanteurs-comédiens habitués d'Aix : Jean-Christophe Benoît, Gabriel Bacquier et la délicieuse Faye Robinson sont les héros de ces soirées.

Jean-Christophe Benoît, dans le rôle d'Uberto, de la Servante maîtresse, *1974.*

À l'Archevêché aussi, en 1975, un ouvrage exaltera l'esprit aixois: *Le Carnaval de Venise* d'André Campra, musicien d'Aix, opéra-ballet créé en 1699. «Une musique un peu courtisane, très raffinée. Une espèce de dentelle qui rappelle Lully», dit Jorge Lavelli, chargé de la mettre en scène. Une musique enlevée avec finesse et brio par le chef Michel Plasson et servie par un beau plateau dont se détachent les voix de Christiane Eda-Pierre, Roger Soyer et Bruce Brewer. Et le spectacle conçu par Lavelli est une fort jolie réussite: en fond de scène, derrière le plateau nu, la façade même du bâtiment de l'Archevêché, animée par le rythme et le décor de ses hautes fenêtres; masques, arlequins et oriflammes; pirouettes, acrobaties, entrées et sorties de comédiens par les fenêtres; découpages éphémères de l'espace par des toiles tenues à la main, lâchers de ballons blancs en grappes, mélange du ballet et de parties chorales; tout concourt à traduire la

Le Carnaval de Venise, *dans une mise en scène de Jorge Lavelli, 1975.*

vitalité sophistiquée, la fantaisie, la liberté dans le mélange des genres que recèle un ouvrage qualifié par Lavelli de « baroque à l'état flamboyant ». On peut regretter qu'une réalisation aussi accomplie n'ait pas été reprise.

Mozart « sans privilège »

« La grande différence que j'ai trouvée à mon arrivée, par rapport à la situation dans laquelle s'est trouvé Gabriel Dussurget en 1948, c'est précisément la situation de Mozart. Alors que lui avait à inventer Mozart pour la France, puisqu'on ne le jouait nulle part, pas même à l'Opéra de Paris — ou surtout pas à l'Opéra de Paris ! — je suis arrivé, moi, alors que Rolf Liebermann

La clémence de Ti

remontait tous les grands Mozart à l'Opéra de Paris. D'autres théâtres, et notamment celui de Lyon sous l'impulsion de Louis Erlo, présentaient d'ailleurs déjà des représentations mozartiennes de grande qualité. C'est la raison pour laquelle je me suis tourné vers le bel canto plutôt que vers Mozart, sans pour autant l'abandonner car il demeure d'une certaine manière, secrètement, quelque chose comme l'âme d'Aix. Mais il n'était plus nécessaire de centrer le festival sur Mozart.» (Bernard Lefort, in *L'Avant-Scène Opéra*, op. cité.)

Pour sa saison d'ouverture, Bernard Lefort eut l'heureuse idée de monter le seul ouvrage majeur de Mozart qui n'avait pas encore été présenté à Aix: *La clémence de Titus*. Direction olympienne d'Alberto Erede; solide distribution dominée par

e en scène d'Antoine Bourseiller, 1974.

le Titus — vraiment impérial — du ténor Eric Tappy. Mais la lecture dramaturgique si pénétrante proposée par Antoine Bourseiller, metteur en scène, se traduisait dans l'espace par un hiératisme un peu pesant des mouvements et des situations ; impression accrue par un dispositif scénique très rigide, qui soulignait à l'excès les aspects formels de l'ultime *opera seria* de Mozart. Le spectacle fut assez fraîchement accueilli.

Simultanément, le court divertissement que constitue *Le Directeur de théâtre* donnait aux spectateurs de la place des Quatre-Dauphins les joies que l'on sait, renouvelées en 1975.

À partir de 1976, Bernard Lefort s'attaque à de nouvelles productions des trois grands ouvrages de Mozart et Da Ponte, déjà présentés au Festival. 1976 : *Don Giovanni* (repris en 1981 avec de nouveaux décors) ; 1977 : *Cosi fan tutte* (repris en 1980) ; 1979 : *Les Noces de Figaro.* Il les prépare en conformité avec son parti affirmé de mettre en relief la lecture du metteur en scène. Las ! Dans deux cas sur trois, les résultats ne justifieront guère le bien-fondé de l'intention.

L'approche de Jean-Pierre Vincent pour *Don Giovanni* était pourtant intéressante. Prenant acte de l'hétérogénéité dramatique et musicale de l'ouvrage, le metteur en scène se refuse à construire une vision unitaire, un spectacle « globalisateur » ; il s'attache à « donner à entendre et imaginer ». Mais le spectacle se révèle surtout décousu et plutôt morose dans ses décors ternes ; et ce, malgré la présence du Leporello de Stafford Dean, basse chantante, et l'intérêt d'entendre dans le rôle de Don Juan une voix de baryton léger, celle de l'excellent Richard Stilwell. Jean-Pierre Vincent recomposera en 1981 sa mise en scène de *Don Giovanni* dans de nouveaux décors, mais comme Bernard Lefort le dit lui même à *L'Avant-Scène Opéra* : « Le second essai a été encore moins réussi que le premier ! Jean-Pierre Vincent n'a pas trouvé la sortie du labyrinthe dans lequel il s'était enfermé. Dommage... » Mais Bernard Lefort de défendre néanmoins l'intérêt de l'expérience engagée avec la première mise en scène de Jean-Pierre Vincent.

Une autre expression de metteur en scène mise en exergue et mal aboutie fut celle de Jorge Lavelli avec *Les Noces de Figaro*. La proposition de Lavelli, enfermant l'œuvre dans des schémas de monde clos, d'échec humain et de désespérance, gêna peut-être certains interprètes et créa en tout cas une grosse déception dans le public. Le climat n'y était pas, en dépit des efforts du subtil Neville Marriner à la tête des musiciens de sa célèbre phalange: l'Académie Saint-Martin in the Fields et d'une distribution de haut niveau: Valerie Masterson était la Comtesse, Barbara Hendricks Suzanne et Samuel Ramey Figaro...

Une belle production de *Cosi fan tutte* en 1977 est heureusement venue rehausser les représentations mozartiennes de cette période, renouant avec la tradition et l'esprit d'Aix. Charles Mackerras en assure avec justesse et solidité la direction musicale, Jean Mercure propose l'une des plus pénétrantes mises en scène de l'ouvrage qu'Aix ait connues et Valerie Masterson, apparue à Aix deux ans auparavant, assume avec brio le rôle de Fiordiligi.

Les triomphes du bel canto

« Aix-en-Provence est une ville méditerranéenne, une ville où comptent le soleil, le rire, une certaine forme de gaieté, l'exubérance même, qui précisément se retrouvent comme *éléments* dans un style spécifique de l'opéra qui est le bel canto », explique Bernard Lefort. L'on peut certes contester l'adéquation du *bel canto* romantique à l'harmonie intime, aux charmes secrets d'Aix-en-Provence. Mais force est de constater que le pari a été gagné: le nouveau directeur a su réunir des voix exceptionnelles, présenter des spectacles d'un souffle et d'un relief indiscutables, révéler à son tour de jeunes chanteurs d'envergure.

Il commence avec *Luisa Miller*, ouvrage dans lequel Verdi sort des grands sujets historiques pour aborder le drame intimiste, genre qui — à Aix comme dans son œuvre — culminera peu d'années après avec *La Traviata*. Menée par Alain Lombard sur le ton vibrant d'une véhémence maîtrisée, la représentation pâtit cependant d'une distribution assez inégale. Les années suivantes, Donizetti, Rossini et Cherubini prennent le relais du *bel canto*: à l'Archevêché, très jolie production de *L'Élixir d'amour* (Donizetti), avec un plateau homogène et séduisant. Au théâtre antique d'Arles, des «monstres sacrés» font successivement valoir — dans des conditions acoustiques difficiles — la splendeur de leurs moyens vocaux et l'intensité de leurs interprétations: Montserrat Caballé dans *Elisabeth, reine d'Angleterre* (Rossini) et Leonie Rysanek dans *Médée* (Cherubini).

L'Elixir d'amour, *1975.*

Leonie Rysanek,
dans Medea,
au théâtre antique d'Arles, 1976.

Aux côtés de Montserrat Caballé, le public découvre une jeune cantatrice qui fait sensation : Valerie Masterson, qui s'illustrera ensuite à Aix dans les grandes rôles mozartiens (Fiordiligi, la Comtesse). On retrouvera à l'Archevêché, en 1977, le chant miraculeusement distillé de Montserrat Caballé (associée à José Carreras) dans *Roberto Devereux*, ouvrage de Donizetti redécouvert dans les années soixante, puis en 1980, dans *Sémiramis* de Rossini.

Montserrat Caballé et José Carreras dans Roberto Devereux, *1977.*

Au sein de ce beau travail, trois productions de l'« époque Lefort » s'inscrivent au firmament des réussites exceptionnelles, de la perfection exaltée dont Aix a le secret; les deux premières portent la marque de Jorge Lavelli, la troisième celle de Pier Luigi Pizzi.

1976: *La Traviata.* Un monde clos, isolé dans son opulence, qui se protège à la fois de toute perturbation extérieure et des aspirations de l'âme individuelle qui s'y est laissé enfermer; re-éveillée aux élans du cœur, Violetta, d'acte en acte, battra des ailes comme un papillon contre les murs de cette prison pour y laisser finalement la vie. Tableaux oppressants, étouffants, que les parois de la prison soient de bois sombre, au premier acte, comme l'intérieur d'un coffre à cigares, ou de tulle blanc dans l'illusion de la lumière et de l'air retrouvés, comme au second. Voilà un univers où excellent Lavelli et son décorateur Max Bignens. Spectacle coup-de-poing, impitoyable, d'une formidable éloquence. Michel Plasson dirige l'orchestre à l'unisson, dans l'alternance des déchirantes envolées lyriques et des violences sourdes. Et puis, entourée de Gyula Littai, ténor admiré à Aix depuis plusieurs années pour son aisance physique et sa voix franche et lumineuse (*La clémence de Titus*, *L'Élixir d'amour*), et du puissant baryton Iouri Mazourok, voici qu'apparaît une Violetta inconnue. La silhouette élégante, le timbre diaphane, parfaitement à l'aise dans la tessiture, bouleversante dans les frémissements de la vulnérabilité: la jeune cantatrice hongroise Sylvia Sass. En une soirée, elle est célèbre; une star est née. Le public d'Aix l'acclame follement. Une fulgurante carrière internationale s'ouvre à elle... qu'elle gâchera vite par une boulimie incontrôlée de rôles dévastateurs pour l'évolution de sa voix.

Sylvia Sass et Gyula Litai dans La Traviata.

Alcina, *1978.*

1978: *Alcina.* Encore un univers pour Lavelli: fantasmes et sorcellerie d'un être prisonnier cette fois de sa propre angoisse. Et difficulté supplémentaire pour le metteur en scène à concilier l'étrange, le maléfique, le passionné, avec les développements souvent longs et formels du bel canto « baroque ». L'ouvrage de Haendel est tiré d'un épisode de *L'Orlando furioso* de l'Arioste. « Alcina est une sorte de sorcière. Elle vit dans des contrées éloignées où elle fait sa propre loi. On peut imaginer aisément que cette femme prend une sorte de revanche sur la vie. Peut-être a-t-elle

échoué en amour, car elle utilise ses moyens de sorcière pour s'approprier des amants [...] Si ça ne marche pas, s'ils n'acceptent pas, elle les transforme en animaux [...] Alcina est finalement un personnage malheureux, pas seulement méchant [...] chassé-croisé de sentiments, de frustrations, d'impossibilités [...] L'on retrouvera certaines inquiétudes, un malaise, ce n'est pas une fête joyeuse — des préoccupations qui sont les siennes » (J. Lavelli, « Entretien avec Edith Walter » in *Lyrica*, mai 1978). Le résultat est une parfaite réussite. Développement de grandes dra-

Semiramis, *mise en scène de*

peries mystérieuses, animaux enfermés dans des cages ou derrière les fenêtres de l'Archevêché, multiplication de personnages hors d'échelle: un rêve trouble dans la splendeur du chant et de la musique. Car le plateau réunit Christiane Eda-Pierre, Teresa Berganza, Ann Murray, Valerie Masterson et le ténor Philip Langridge sous la conduite d'un éminent spécialiste de Haendel, Raymond Leppard.

1980: *Sémiramis.* Un événement fabuleux: la rencontre des deux plus grandes dames du *bel canto* romantique, Montserrat Caballé et Marilyn

Pier Luigi Pizzi, 1980.

Horne. Affrontements et entrelacements vocaux d'un soprano et d'un mezzo à la tessiture et au timbre rares, dotées d'une science du chant hors pair, stupéfiant assaut de vocalises, deux interprètes immenses dominant l'une et l'autre les « embellissements » du chant pour se réunir dans l'intensité expressive. Auprès d'elles, la basse chantante américaine, Samuel Ramey, Figaro de l'année précédente, affirme dans le rôle d'Assur le rayonnement de sa présence, la magnificence d'une voix d'exception, un brio technique confondant ; de ce spectacle date le véritable épanouissement de sa renommée en Europe. Et Pier Luigi Pizzi, assurant la mise en scène, les décors et les costumes, est arrivé à créer sur la scène réduite du Festival l'impression du monumental, à faire mouvoir ces personnages fascinants dans les espaces babyloniens que dicte l'ouvrage.

Autres aspects du « beau chant ». 1978 a été une année d'hommage au chant anglais: à côté d'*Alcina* figurait une nouvelle production du *Didon et Énée* de Purcell, qui vaut à Aix l'apparition — sans doute unique sur une scène du continent — de Janet Baker. L'année suivante, des représentations de *Werther* illustrent le répertoire romantique français. Contestée par une fraction du public, cette vision vigoureuse de l'œuvre de Massenet s'impose cependant comme une réalisation de haute qualité. Elle permet de découvrir le jeune ténor américain Neil Shicoff dans le rôle-titre, tandis que Teresa Berganza et Nadine Denize se succèdent dans celui de Charlotte.

L'œuvre lyrique contemporaine n'est pas oubliée au cours de cette période: création mondiale, en 1977, du *Sirius* de Stockhausen au cloître Saint-Louis. Commande et création en 1979 de *Porporino*, ouvrage sur les castrats du XVIIIe siècle, tiré du roman de Dominique Fernandez; en collaboration avec l'auteur, le schéma de l'œuvre est adapté à un montage musical effectué à partir de manuscrits du baroque napolitain par Roger Blanchard. Deux ténors spécialistes du chant baroque, James Bowman (haute-contre) et Bruce Brewer y rivalisent de virtuosité. En 1980, Aix reprend, dans la cour de l'Hôtel de Valbelle, un ouvrage créé à l'Opéra de Rhin par Pierre Barrat en 1973 et présenté au Festival d'Avignon: *Les Liaisons dangereuses*, « opéra épistolaire » de Claude Prey, d'après le roman de Choderlos de Laclos. Une grande réussite du « théâtre musical » dans un délectable mélange de charme et de vénéneuse perversité.

Lorsque en 1981, Bernard Lefort, ayant été appelé à la direction de l'Opéra de Paris, doit quitter la direction du Festival d'Aix, il lui a restitué son lustre.

Deux opéras à l'affiche de cette dernière « saison Lefort »: la malheureuse reprise de *Don Giovanni* que nous avons déjà évoquée, mais aussi une nouvelle production rossinienne: *Tancrède*, dixième opéra d'un compositeur de vingt et un ans! À nouveau, un éblouissant déferlement de *bel canto*, dû à Marilyn Horne et Katia Ricciarelli et parfaitement cadré par la mise en scène de Jean-Claude Auvray et le décor de Mauro Pagano.

L'« époque Lefort » s'est achevée en beauté. À partir de 1982, Jean-Louis Pujol, directeur général adjoint de Bernard Lefort, va continuer à œuvrer pour le développement du Festival aux côtés du nouveau directeur général: Louis Erlo.

Jean-Louis Pujol,
directeur général adjoint du Festival.

Le cours Mirabeau.

Septième Interlude

Le cours Mirabeau

Ce qui était au moyen âge le rempart sud de la ville est devenu son artère centrale, sa promenade, son espace le plus animé, le lieu de toutes ses convergences. Dès le XVIIIe siècle, le président de Brosses en appréciait le charme urbain exceptionnel : « Le plus bel endroit de la ville, et l'un des plus agréables peut-être qui soient en France, est la rue du Cours ; elle est d'une fort grande largeur et assez longue ; les maisons en sont hautes, belles et à l'italienne ; quatre rangs d'arbres y forment deux contre-allées où l'on se promène, et une large allée au milieu, ornée de quatre grandes fontaines... » (Charles de Brosses, Lettres familières, *1739).*

À l'une de ses extrémités, une très vaste place circulaire, la Rotonde, ornée d'une monumentale fontaine centrale, lançant ses jets d'eau dans toutes les directions. Ici convergent, en effet, toutes les routes qui mènent au cœur d'Aix ; et l'apparition, entre les frondaisons des platanes, de cette fontaine, coiffée de ses trois statues allégoriques, indique au voyageur qu'il est arrivé, qu'il trouvera là l'entrée du cours Mirabeau.

À l'autre extrémité, juché sur la dernière

fontaine, adossé à la superbe façade de l'Hôtel du Poët, le Roi René contemple avec une placidité bienveillante les allées et venues de son bon peuple, tandis qu'un léger sourire se joue sur son visage de pierre.

Sur la rive sud (côté du quartier Mazarin, aux riches demeures patriciennes), les façades sont celles d'hôtels majestueux à peine troublées dans leur ordonnancement par quelques banques et quelques boutiques, des confiseries surtout, diffusant les mérites de la spécialité aixoise: les calissons, à la succulente pâte d'amandes.

Sur la rive nord (côté de la vieille ville), moins de belles façades — dont fort peu restées intactes en rez-de-chaussée: cafés, brasseries, restaurants et magasins s'y insèrent en une ligne presque continue. La perception architecturale en est, certes, altérée; il suffit cependant de lever la tête vers les étages pour retrouver lignes, proportions et ornements. Et les hauteurs des toitures assurent, d'une rive à l'autre, le merveilleux équilibre du cours.

Mais surtout, la vie est là, grouillante. Aixois, étudiants, «festivaliers», touristes s'y côtoient: le matin pour quelques courses, l'achat du journal, un café; l'on s'y donne rendez-vous pour des retrouvailles, à midi ou le soir pour l'apéritif. À la fraîche, l'on y goûte la douceur de l'air, sous l'ombre miroitante des platanes. Au début de notre siècle encore, les jeunes filles «de bonne famille» avaient consigne de se cantonner au trottoir sud et de ne pas s'aventurer sur cette rive déconseillée! Ce temps est bien révolu: la rive nord du cours, c'est la passegiata *méditerranéenne des jeunes Aixois et des jeunes Aixoises, hélés par leurs amis attablés aux terrasses: embrassades désinvoltes, coquetterie affichée, regards* *échangés entre le flux montant et le flux descendant. «Et, commente Pierre Guastalla, comme les jeunes filles aixoises, brunes et mates sont parmi les plus belles de France, on ne se lasse pas de les voir passer et repasser, en représentation, par deux ou par trois, en leur supposant, puisqu'elles sont jeunes et belles, les pensées sensibles et intelligentes qu'elles ont sûrement» (*Carnet de voyage *1964).*

Déambulation de la jeunesse, gens vaquant à leur occcupations, touristes en flânerie, éventaires ici et là sur le trottoir, le défilé de la foule sur le cours est devenu plus hétéroclite (la ville a grandi). Mais le spectacle garde son charme et son animation; vu de la terrasse d'un café, c'est l'un des plaisirs d'Aix, et non des moindres.

Parmi les nombreux cafés du cours Mirabeau, certains ont leur moment de vogue ou leur clientèle attitrée; ainsi Le Grillon *a-t-il été longtemps le fief traditionnel des étudiants. Mais l'un d'entre-eux, en haut du cours, est une*

Les deux Garçons.

véritable institution: le Café des Deux-Garçons. *Très vaste et confortable terrasse devant sa façade d'une charmante désuétude, décor Second Empire à l'intérieur (classé), il est à la fois* Le Flore, Les Deux-Magots *et le* Café de la Paix. *«Connu du monde entier, décor imité au théâtre, il ressemble à s'y méprendre au célèbre café Pedrocchi, de Padoue, où Stendhal avait ses habitudes», note encore Pierre Guastalla. Immuable, il a accueilli toutes les célébrités qui se sont arrêtées à Aix. Les Aixois et les familiers d'Aix ne l'appellent que «Les Deux G.», avec une nuance de fierté possessive. C'est le lieu de référence immédiat des rencontres à fixer: «rendez-vous aux Deux G.»*

Aux Deux Garçons,
Leporello verse du Coca-Cola à Don Juan, sous l'œil indulgent du Commandeur, (M. Cortis, R. Arie, A. Campo).

L'on revient sur le cours, après le spectacle ou le concert, pour commenter l'événement, dans la complicité de la nuit. Moment de paix sous la nef de feuillage, doucement éclairée. Moment que l'on prolonge avant de regagner sa chambre ou d'affronter, avec quelque mélancolie, les rigueurs de la route du retour...

Troisième époque
Depuis 1982

Traditions et novations

Chapitre dix

Les principes de Louis Erlo et leur mise en œuvre

Le manifeste de Louis Erlo

La déclaration d'intentions formulée par Louis Erlo dans le programme de 1982, lors de sa prise de fonctions à la tête du Festival, traduisait déjà l'attachant mélange qui ne cesse de caractériser son action: sensibilité à la tradition aixoise et souci passionné de recherche et de découverte, avec les risques qu'elles comportent. Deux maîtres mots dominaient cette déclaration: « fidélité » et « innovation ». Il s'attache — aujourd'hui comme alors — à les justifier l'un et l'autre.

Fidélité

« En prenant la charge de cette manifestation, mon premier souhait est de ne pas déranger ce mystérieux équilibre qui tient à tant de choses impalpables et qui fait dire à tous ceux qui sont venus à Aix que la musique n'y est pas tout à fait comme ailleurs. »

« Fidélité d'abord à Mozart »: depuis 1982, un ouvrage de Mozart, au moins, est tous les ans présenté à l'Archevêché, parfois deux (1986 et 1988).

Ci-contre: Louis Erlo, directeur général du Festival.

« Fidélité au répertoire italien : les œuvres italiennes propices à la virtuosité vocale auront toujours leur place au Festival. » Dans ce répertoire, Rossini se taille, pour l'instant, la part du lion.

Fidélité aussi à la veine « post-mozartienne » des opéras de Richard Strauss : une nouvelle production d'*Ariane à Naxos* en 1985 (reprise en 1986) et une première production à Aix du *Chevalier à la rose* en 1987.

Fidélité enfin à une tradition aixoise glorieusement instaurée par Gabriel Dussurget et poursuivie par Bernard Lefort : la découverte, le lancement ou la mise en valeur de jeunes interprètes de qualité internationale. Dès 1982, c'est Joan Rodgers ; au cours des années suivantes, ce seront — entre autres — Anne-Sofie von Otter, Ashley Putnam, l'admirable ténor Laurence Dale, Rockwell Blake, Hans-Peter Blochwitz, Elzbieta Szmytka, ou Olaf Baer... Ce sera aussi la reconnaissance de la chaleureuse personnalité musicale et scénique du mezzo Jeanne Piland, comme de celle d'Yvonne Kenny.

Ces jeunes interprètes apparaissent dans les distributions et en concert : la formule des récitals « Une heure avec... » est maintenue et permet de les faire mieux connaître. Louis Erlo est particulièrement bien placé pour poursuivre cette politique : il s'est consacré pendant de longues années à développer les voix et le métier de jeunes chanteurs au sein de l'« Opéra-studio », qu'il avait créé et fait vivre, avant de prendre la direction de l'Opéra de Lyon. On retrouve à Aix ses deux plus brillantes « pensionnaires » de l'Opéra-studio : Colette Alliot-Lugaz et Michèle Lagrange, et certaines de ses recrues lyonnaises, comme Gilles Cachemaille.

La tâche de découvrir des artistes à l'aube d'une grande carrière est devenue, dans les années quatre-vingt, particulièrement ardue et, surtout, aléatoire. Les plus brillants « espoirs » sont confrontés à un système d'organisation des spectacles entretenu par des agents artistiques, directeurs de salles ou chefs d'orchestre pas toujours suffisamment scrupuleux des valeurs à préserver; ce système ruine rapidement leurs moyens vocaux et leur cheminement expressif par des propositions tentatrices et prématurées ou un rythme abusif de représentations.

Au cours d'une émission de télévision qui les réunissait en juillet 1987, les trois directeurs successifs du Festival étaient unanimes à dénoncer et à déplorer le phénomène. Gabriel Dussurget: « Pour leur faire gagner du temps, on leur perd l'avenir. » Bernard Lefort: « Il y a peu de grandes voix [...]. Le temps d'étude est trop court, l'exploration trop rapide [...]. Ils chantent beaucoup trop souvent, beaucoup trop fort... » Louis Erlo: « Les premiers périls, ce sont le téléphone, le télex et le jet. »

Innovations

Elles ont trait à deux domaines en particulier: la découverte d'ouvrages méconnus ou inconnus, la constitution des distributions.

C'est dans l'univers de l'opéra « baroque » français (Rameau, Campra, Lully) et dans les ouvrages de jeunesse de Mozart que Louis Erlo a trouvé, dès les premières années de son mandat, matière à explorer. Résurgences du passé, certes, mais dont l'écho a été, à plusieurs reprises, considérable (voir la suite de ce chapitre). Et Louis Erlo entend bien étendre cette action à la création de notre siècle. Si parfois un échec vient s'insinuer entre des initiatives heureuses et de grand éclat, Louis Erlo l'assume comme le prix du risque, considérant que le festival d'Aix doit, susciter la curiosité du public, lui proposer l'inattendu, voire l'inconnu, au moins autant que satisfaire son désir de retrouver les ouvrages qu'il aime.

L'autre position novatrice de Louis Erlo réside dans le refus de ce qu'il est convenu d'appeler le

« star system », c'est-à-dire le recours aux vedettes mondialement célèbres pour assumer les grands rôles des distributions qu'il constitue. L'avantage financier est évident, mais le véritable motif est bien le souci de Louis Erlo de préserver l'homogénéité des distributions et leur équilibre au profit des jeunes interprètes en lesquels il croit. Le principe n'exclut d'ailleurs pas la présence épisodique de quelques « stars » qui acceptent de jouer le jeu de cette nouvelle tonalité aixoise pour tenir tel rôle dont le poids vocal et dramatique est particulier (Robert Lloyd, Jessye Norman, José van Dam, June Anderson...). Mais le parti, fermement maintenu, reste d'ouvrir au public une pépinière aux charmes neufs plutôt que de le promener dans les allées cossues et familières des gloires triomphantes. Le risque, consciemment accepté, est celui de rester parfois un cran en deçà des splendeurs vocales auxquelles une partie des spectateurs a été habituée par le disque et les grandes scènes internationales. Au confort luxueusement assuré, Louis Erlo préfère l'audace et l'esprit d'exploration. Et nous voilà, avec lui, lancés dans la croisade.

Mozart réinstallé

À partir de 1982, un ou deux opéras de Mozart figurent à nouveau tous les ans à l'affiche du Festival. Entre 1982 et 1988, les sept grands ouvrages lyriques du compositeur ont retrouvé leur place à l'Archevêché dans de nouvelles productions. 1982 : *La Flûte enchantée*, 1985 : *Les Noces de Figaro*, 1986 : *Don Giovanni* et *Idoménée*, 1987 : *L'Enlèvement au sérail*, 1988 : *La clémence de Titus* et *Cosi fan tutte*.

L'apparente coupure de 1983 et 1984 est, en fait, consacrée à faire revivre successivement deux œuvres de l'adolescence de Mozart : *Mitridate, re di Ponto* et *La Finta Giardiniera*. Deux paris de Louis Erlo, deux brillantes réussites.

Mithridate, *mise en scène de Jean-Claude Fall, 1983.*

Pour ce qui est des sept grands ouvrages lyriques mozartiens, ils ont connu dans ces nouvelles productions heurs et malheurs alternés. *La Flûte enchantée* de 1982 était pourtant de bon présage: la production s'impose par la forte présence d'un metteur en scène de théâtre, Lucian Pintilié; avec la complicité des décorateurs R. et M. Boruzescu, Pintilié propose une lecture très riche du contenu spirituel de l'œuvre, dans un dispositif unique (stalles de bois étagées sur trois niveaux) enveloppant un espace de jeu qui, d'un bout à l'autre du spectacle, reste vide de tout élement de décor anecdotique. Mais l'intérêt de cette réalisation ne va pas sans une grande sévérité, bien éloignée du vêtement de féerie dont Mozart et Schikaneder avaient revêtu à sa création un spectacle conçu pour le large public d'un faubourg de Vienne. Et sans doute étions-nous assez nombreux à nous souvenir avec quelque nostalgie d'une autre mise en scène qui traduisait avec autant d'éloquence la construction spirituelle de *La Flûte enchantée* sans renoncer à l'enchantement et à la drôlerie. Présentée quelques années auparavant, avec la troupe de l'Opéra-studio, cette mise en scène d'exception était signée... Louis Erlo!

À Aix, en 1982, Robert Lloyd domine de son immense voix chaude et de son humanisme serein une distribution inégale mais de bonne tenue, constituée de jeunes chanteurs, parmi lesquels Stephen Dickson (Papageno d'une charmante vivacité), John Tomlinson (Orateur de belle étoffe... qui deviendra Wotan à Bayreuth en 1988), Steven Cole (Monostatos survolté) et la révélation de l'année: la Pamina de Joan Rodgers (voir Huitième Interlude).

En 1983 et en 1984, Louis Erlo fait ressurgir sur scène deux ouvrages de jeunesse de Mozart: d'abord, *Mitridate, re di Ponto*, premier *opera seria* d'un musicien de quatorze ans, composé pour la Cour de Milan, lors d'un long voyage au cours duquel il découvrait l'Italie; ensuite, *La Finta Giardiniera* où s'amorce (Mozart approche de ses dix-neuf ans) le mélange de *buffa* et de *seria* qui deviendra l'essence même des œuvres majeures composées quelques années plus tard sur les livrets de Lorenzo da Ponte.

Ravissants spectacles, dans lesquels chacun s'accorde à célébrer « le triomphe et la jeunesse »: jeunesse des partitions et du compositeur, jeunesse, beauté et enthousiasme des interprètes, recrutés en grande partie au sein de l'école de chant anglo-saxonne; interprètes courageux, au demeurant, car ils avaient à assumer l'étude et la maîtrise de rôles vocalement difficiles qu'ils n'auraient pas souvent l'occasion de chanter.

Notons l'audace de Louis Erlo à présenter sur scène ce *Mitridate* dont — quelques années auparavant — Salzbourg n'avait osé que l'exécution en concert. Les talents conjugués de Theodor Guschlbauer au pupitre, du metteur en scène Jean-Claude Fall et du décorateur Gérard Didier réussissent la gageure de faire un vrai et pur spectacle de cet ouvrage à la découpe si formelle.

Quant à *La Finta Giardiniera*, sa jeune équipe est soutenue par une brillante mise en scène de Gildas Bourdet, pour sa première intervention au théâtre lyrique, associé à Alain Milianti, et par le chef Semyon Bychkov, dont c'est la première apparition à Aix.

La Finta giardiniera, *mise en scène de Gildas Bourdet et Alain Milianti, 1984.*

Deux belles initiatives, auxquelles le Nouvel Orchestre Philharmonique de Radio-France apporte un soutien hautement remarqué.

Les deux premiers ouvrages issus de la collaboration de Mozart et du librettiste Lorenzo da Ponte, *Les Noces de Figaro* et *Don Giovanni*, furent présentés successivement en 1985 et 1986. Par deux fois, les metteurs en scène tirent la couverture à eux aux dépens du contenu dramatique et de la qualité du spectacle. Celui des *Noces* est, en outre, coupable des décors, alambiqués et inefficaces. Au milieu de cet appareil, la belle et émouvante Comtesse de Lella Cuberli, la fine Suzanne de Christine Barbaux et le Figaro jeune et fougueux de Gilles Cachemaille ne savent plus à quel saint se vouer; d'autant moins que, dans la fosse, le chef John Eliot Gardiner, grand interprète de la musique baroque, ne trouve guère le rythme, ni le mordant de la « folle journée ». Avec *Don Giovanni*, l'on se retrouve dans un désarroi analogue entre le plateau et la fosse (autres metteurs en scène, autre chef), désarroi aggravé par l'insuffisance d'une distribution perturbée au dernier moment; seul le Leporello de Jean-Philippe Lafont tire avec brio son épingle du jeu.

La même année (1986), *Idoménée* vient compenser magnifiquement la déception causée par ce *Don Giovanni* (qui, depuis le «*Don Juan* de Cassandre», n'a décidément pas de chance à Aix!). Pierre Strosser a assumé la mise en scène et les décors d'*Idoménée* dans le souci évident de servir l'œuvre et non de s'en servir, moins encore de la réinventer. Un dispositif scénique épuré à l'extrême: simple praticable bordé latéralement et à l'avant-scène d'une sorte de grève où alternent le gris sombre et le blanc, cerné à l'arrière par de grands panneaux laqués de noir qui coulissent devant un immense agrandissement photographi-

Idoménée, *mise en scène et décors de Pierre Strosser, 1986.*

que où le ciel et la mer se mêlent tumultueusement; une sobriété qui laisse libre cours à la gravité du drame, aux relations affectives entre les personnages, à l'émotion que traduisent un mouvement, une attitude, un élan contenu. Une direction musicale solide et juste, une belle distribution, en dépit d'infimes réserves, et voici retrouvé le premier grand chef-d'œuvre de l'opéra mozartien.

Le dépouillement si propice à *Idoménée — opera seria —* s'avère beaucoup moins favorable, l'année suivante, à *L'Enlèvement au sérail*: se débarrasser des turqueries de pacotille, pourquoi pas? Encore ne faut-il pas trahir par une austérité excessive l'esprit du *Singspiel* composé par un Mozart de vingt-six ans, entreprenant avec enthousiasme la conquête de Vienne et se préparant à son mariage. Ni la technique vocale de Mariella Devia, ni l'impressionnant Osmin campé par Gunther von Kannen, ni la subtile direction d'Armin Jordan ne suffirent à enrayer une certaine déception du public.

1988 voit réapparaître à Aix *La clémence de Titus* et *Cosi fan tutte*: une éclatante réalisation et un demi-succès. Tout concourt à la magnifique réussite de *La clémence de Titus*: décors en camaïeu ocre et brun rehaussés de colonnes, statues et autres ornements impériaux, conçus par Nicolas Georgiadis; mise en scène inspirée, à l'affût des fluctuations affectives de ses personnages, due au grand cinéaste Michaël Cacoyannis (*Electra, Zorba le Grec, Iphigénie,...*) venu au théâtre, puis à l'opéra; parfaite osmose entre les interprètes, dont la révélation de la toute jeune et exceptionnelle cantatrice hollandaise Charlotte Margiono; Armin Jordan, encore, conduit à la perfection les chanteurs et l'Ensemble Orchestral de Paris. De l'avis général, ce spectacle se situe au plus haut niveau du Festival. L'enthousiasme est mitigé face à *Cosi fan tutte*. Distribution honorable, très largement dominée par la voix de José van Dam dans le rôle d'Alfonso. Le subtil Jeffrey Tate

La cléme

est au pupitre: un régal. La mise en scène divise l'opinion: de son propre aveu, Denis Llorca vient tout juste de découvrir l'œuvre; il a été frappé par sa cruauté et son pessimisme amer. C'est cela qu'il veut que nous comprenions: la quasi-totalité du spectacle se déroule dans une sorte de tripot étouffant, aux couleurs sombres; le quatuor des amants est composé de deux brutes et de deux niaises; si une Despina inhabituelle — plus proche de la Dorine du *Tartuffe* que de la soubrette aguicheuse et rouée de la fin du XVIIIe

Titus.

siècle — nous amuse par instants, Alfonso, le meneur de jeu, est privé de son hédonisme et quasiment interdit du moindre sourire: démon sinistre accordé à l'intention dominante. La musique et le texte ne disent-ils pas de façon suffisamment éloquente que l'amertume douloureuse ne doit transparaître qu'à travers le jeu et l'humour, le charme et les effluves de l'air napolitain? Que les larmes au bord des yeux doivent rester contenues par le sourire? Pourquoi le metteur en scène élude-t-il l'association de ces composantes, qui est l'essence même de l'œuvre? L'on ne saurait croire qu'il suppose le public trop peu intelligent, trop peu sensible pour percevoir la cruauté du propos derrière la légèreté apparente du jeu. Quoi qu'il en soit, cette vision simplificatrice, voire déformatrice, mais « forte » a eu ses partisans, suscité des controverses, ce qui n'est pas sans richesse. Le spectacle va tourner au cours de l'année pour revenir à Aix en 1989.

La célébration de Rameau et du « baroque »

Parallèlement à la remise en place du panorama mozartien, un axe dominant des programmes lyriques de Louis Erlo a concerné ce qu'il est convenu d'appeler le répertoire « baroque », vocable qui recouvre des formes musicales assez diverses, du XVIe au XVIIIe siècle. Mais ce n'est pas ici le lieu des exégèses; adoptons donc la terminologie usuelle.

Pour la première saison de Louis Erlo, le Festival proposait, à côté de Mozart et de Rossini, la CRÉATION d'un opéra de... Jean-Philippe Rameau! Magnifique audace et étrange histoire: en 1764, les répétitions des *Boréades*, dernier opéra composé par Rameau, étaient en cours lorsque le compositeur, octogénaire, vint à mourir. Les répétitions furent aussitôt abandonnées et il est plus que vraisemblable que l'ouvrage ne fut jamais représenté... jusqu'à ce 21 juillet de 1982, où Aix pouvait en afficher la « création mondiale » à la scène (deux ou trois exécutions en concert avaient été données dans les années soixante et soixante-dix). Au terme de difficiles tractations avec la Bibliothèque nationale et les éditions Stil, qui s'en étaient assuré l'exclusivité, Louis Erlo obtient de monter l'ouvrage, un an avant le tricentenaire de la naissance de Rameau. Événement musicologique, mais aussi surprise d'un spectacle enchanteur, là ou l'on pouvait craindre une reconstitution un peu rébarbative. Le public

Les Boréades, *mise en scène de Jean-Louis Martinoty, 1982.*

ravi découvre — ou redécouvre, pour ceux qui avaient eu le privilège d'assister quelque vingt-cinq ans auparavant aux merveilleuses représentations de *Platée* — le raffinement, les trouvailles intrumentales et la richesse symphonique de la musique lyrique de Rameau, et aussi ses moments d'émotion. Traité sur le mode de l'imagerie vivante en une succession de tableaux que le metteur en scène Jean-Louis Martinoty assemble avec une extrême subtilité, collant à la dynamique musicale, cet opéra-ballet narre les amours contrariées de la reine Alphise, contrainte d'épouser un descendant de Borée, Dieu du vent, c'est-à-dire l'un des « princes Boréades », en place de celui qu'elle aime, l'étranger Albaris; Mais que l'on se rassure: après nombre de péripéties sans grand contenu théâtral, tout finira bien! C'est la musique et non le récit que le spectacle illustre, soutenue à la perfection par John Eliot Gardiner à la tête des instruments anciens des English Baroque Soloists; sur le plateau, une troupe composée de jeunes chanteurs, les uns francophones, les autres anglo-saxons (ces derniers accomplissant de véritables prouesses linguistiques), assume en totale cohésion les parties vocales, étayée par l'admirable Monteverdi Choir et relayée, d'un épisode à l'autre, par les danseurs chorégraphie au ton juste. Ajoutons à cela des costumes savoureux, tantôt somptueux, tantôt délicieusement farfelus (costumes-objets)... et l'état de grâce. Rameau rentre à Aix sur un coup de maître.

1983: c'est l'année du tricentenaire, marquée par une nouvelle production d'un ouvrage de Rameau, *Hippolyte et Aricie*. J. E. Gardiner est toujours au pupitre, avec la même formation instrumentale: la musique est aussi scrupuleusement servie que l'année précédente, même si la partition de la tragédie s'étire un peu dans la première partie. La distribution, de belle tenue (John Aler, en particulier, donne toute sa séduction à Hippolyte), est dominée de très haut par les deux interprètes d'exception, les deux voix de grande envergure qu'exige la présence de Thésée et de Phèdre. Thésée, c'est José van Dam, au plus haut de son éloquence, et Jessye Norman apporte sa voix, son émotion et ses déchirements à une Phèdre qui bouleverse le public. Avec sa maîtrise de la scène, Pier Luigi Pizzi insère la tragédie et ses interprètes dans une série de visions grandioses et symboliques, des colonnes en péril à la descente aux Enfers. Fastueux spectacle et, à nouveau, Rameau en gloire.

Hippolyte et Aricie, *mise en scène, décors et costumes de Pier Luigi Pizzi, 1983.*

Après Rameau, c'est *L'Orfeo* de Monteverdi qui représente, en 1985, l'opéra baroque à Aix. Il n'y avait pas été monté depuis vingt ans. Dans l'intervalle, la vogue grandissante de la musique baroque a suscité des querelles esthétiques sur les principes d'interprétation de ce répertoire. Un grand spécialiste de Monteverdi est au pupitre: Michel Corboz, qui a donné de *L'Orfeo*, dès 1968, une version discographique de référence. Il infléchit cette fois son interprétation vers un compromis entre l'esprit de l'oratorio, la conjugaison des instruments anciens avec une majorité d'instruments modernes et les exigences du déroulement spectaculaire. Le résultat déconcerte ou déplaît à certains, enchante les autres. Il en va de même de la production, dépouillée, stylisée parfois jusqu'au schématisme. Les composantes de cette représentation s'expliquent, pour partie, par l'initiative qui la sous-tend: elle est liée à la fois — comme une sorte de résultante — à un enregistrement discographique préalable (déjà mis à la disposition des spectateurs) et à un tournage cinématographique de l'œuvre que vient de réaliser le metteur en scène et cinéaste Claude Goretta. Cette aventure implique des aléas dans la réalisation d'un spectacle proprement destiné au Festival, mais elle n'est certes pas dépourvue d'intérêt: initiative visant divers modes de diffusion, au profit d'un public beaucoup plus large que celui des spectateurs immédiats.

L'année suivante, le Festival affiche le *Tancrède* de Campra. Apparu à l'Archevêché en 1975 avec un ouvrage de divertissement (*Le Carnaval de Venise*), le musicien aixois est cette fois représenté par une magistrale « tragédie lyrique », créée en 1702, où la sensibilité de la déclamation s'allie à l'héroïsme et à la féerie. L'œuvre est superbement servie par les musiciens de « La Grande Écurie et la Chambre du Roy », que dirige Jean-Claude Malgoire dans un pur style « baroque », et par une belle distribution; la présence scénique comme le talent de chanteur du baryton François Le Roux, dans le rôle-titre, sont particulièrement remarqués.

En 1987, le Festival nous fait remonter en plein XVIIe siècle pour découvrir, avec la même équipe orchestrale, une autre « tragédie lyrique » : *Psyché*, de Jean-Baptiste Lully. L'événement se révèle infiniment moins convaincant : difficultés à mettre en scène cet ouvrage de cour (tragi-comédie initialement conçue par Molière et Pierre Corneille, reprise et transformée en livret d'opéra par Thomas Corneille à la demande de Lully) qui ne va pas sans engendrer quelque ennui pour nombre de spectateurs, ennui aggravé par certaines faiblesses de distribution, une exubérance peu convaincante des costumes et des maquillages, une chorégraphie qui apparaît outrancière et mal adaptée. Cette année-là, c'est dans une admirable exécution en concert de l'*Iphigénie en Aulide* de Gluck (John Eliot Gardiner à la tête de l'Orchestre de l'Opéra de Lyon, José van Dam et Anne-Sofie von Otter) que le répertoire lyrique baroque trouvera son moment d'apothéose.

Point d'ouvrage baroque sur la scène de 1988, mais le Festival annonce pour 1989 une production de l'enchanteresse *Fairy Queen* (*La Reine des Fées*) de Purcell, mélange complexe d'opéra, de théâtre et de ballet, à partir du *Songe d'une nuit d'été* de Shakespeare. Le répertoire lyrique baroque a décidément conquis depuis 1982 une place majeure, à côté de Mozart, dans les programmes d'Aix-en-Provence.

Mésaventures rossiniennes

Un vent contraire semble souffler depuis quelques années sur les productions rossiniennes du Festival.

Le Turc en Italie fut le dernier spectacle monté sur la place des Quatre-Dauphins, en 1982. Aux plaintes renouvelées des quelques riverains « dérangés » par les journées et soirées de répétitions et de représentations s'ajoutaient d'autres gênes: bruits urbains, acoustique et surtout visibilité insuffisantes. Ce lieu exquis du théâtre lyrique dans la rue dut être définitivement abandonné. Il est vrai que les représentations du *Turc en Italie* manquaient aussi notablement de la finesse et de la légèreté nécessaires au climat et à la musique de Rossini.

L'année suivante marque la tentative de Louis Erlo d'installer un nouveau lieu de spectacles dans le jardin du Pavillon Vendôme, devant sa superbe façade; mille huit cent cinquante places au lieu des mille deux cents places disponibles à l'Archevêché: séduisante perspective dans un tel cadre! Las! « On construit les gradins. L'acoustique se révèle très bonne pendant les répétitions. Une fois les gradins remplis par le public, le son n'était plus renvoyé » (témoignage de Louis Erlo). Et c'est là encore Rossini qui fait les frais de cette déconvenue acoustique. Le spectacle inaugural était, en effet, *La Cenerentola* (Cendrillon). La représentation est apparue, au demeurant, un peu lourde, musicalement et scéniquement; et même le riche *mezzo* de Lucia Valentini-Terrani, remplaçant (quel luxe!) Teresa Berganza, ne pouvait faire face à ce fâcheux concours de circonstances, en dépit de son timbre et de sa virtuosité. À son tour, le lieu est abandonné.

Nous retrouvons Rossini à l'Archevêché en 1984, avec une nouvelle production du *Barbier de Séville*. On joue de malchance: cette fois, c'est Lucia Valentini-Terrani qui est remplacée par deux cantatrices en alternance. En dépit de leurs qualités, la déception — peu ou prou — se retourne contre elles. Si les autres interprètes divisent l'opinion (à l'exception de l'impressionnant Basile de José van Dam), public et critiques s'accordent à dénoncer une mise en scène pesante, des décors et des costumes rebutants, une direction musicale terne et plate. Ce *Barbier* « aux semelles de plomb » (Jacques Lonchampt) semble bien loin de l'étincellement rossinien.

La Cenerentola,
au Pavillon Vendôme, 1983.

En 1988, c'est un *opera seria* du Maître de Pesaro que présente le Festival. *Armida*, ouvrage méconnu, tiré des oubliettes en 1952 par le Mai Florentin, grâce à Maria Callas, et dont seules Joan Sutherland, Cristina Deutekom et Katia Ricciarelli avaient ultérieurement osé affronter les vertigineux périls vocaux; c'est dire la difficulté du rôle-titre, sans parler de celles dévolues aux ténors qui l'environnent. À cette occasion, Louis Erlo accueillait pour la première fois à Aix la nouvelle *diva* du *bel canto* préromantique italien: l'Américaine June Anderson. Autour d'elles, quatre ténors rivalisent de brio, en particulier Rockwell Blake (le Mitridate de 1983), Raul Gimenez et le Japonais Yoshihisa Yamaji. Distribution éclatante, donc... pour un spectacle désastreux: Jean-Claude Fall et Gérard Didier, metteur en scène et décorateur inspirés de *Mitridate* cinq ans plus tôt, ont, cette fois, de l'avis quasi unanime, « raté leur coup », au point de faire perdre parfois une part de leur conviction aux interprètes. De surcroît, l'exécution orchestrale se révèle nettement en deçà du niveau que l'on est en droit d'attendre dans un tel festival; et l'Orchestre de Nice est, en outre, gêné par un « matériel » (partitions) rempli d'inexactitudes. Que de choses sont simultanément nécessaires à la mise au point d'un grand spectacle lyrique!

Au terme de cette série noire, nul doute que Rossini — *buffo* ou *serio* — ne fournisse à nouveau des soirées d'éclat et de bonheur dans un festival où sa présence s'impose à l'évidence.

La rentrée de Richard Strauss

Ariane à Naxos avait connu à Aix, dans les années soixante, une production mémorable, marquée par la présence en scène de Paul Schöffler, Irmgard Seefried et Teresa Stich-Randall,

Ariane à Naxos, *mise en scène de Goran Jaruefelt, avec Jessye Norman et William Johns.*

puis Tatiana Troyanos et Régine Crespin, dans des décors de Pierre Clayette. L'année d'inauguration du nouveau théâtre de l'Archevêché (1985 voir chap. XI) voit surgir une nouvelle production de l'ouvrage qui fait, à son tour, sensation. Décors et mise en scène très sobres, moins oniriques, mais une musique servie à merveille par Semyon Bychkov à la tête du Nouvel Orchestre Philharmonique de Radio-France et un plateau de belle qualité grâce auquel les Aixois découvrent l'attachante personnalité de Jeanne Piland (qui va devenir la nouvelle mascotte du Festival) dans le rôle du jeune compositeur et l'admirable Ariane de Jessye Norman dont l'interprétation culmine lors du duo final avec le Bacchus vocalement éclatant de William Johns. Le spectacle est repris en 1986, avec — approximativement — la même distribution, à l'exception du rôle d'Ariane, chanté par Ruth Falcon et Teresa Zylis-Gara, en alternance, remplaçant elles-mêmes Margaret Price qui fait défection au dernier moment.

En 1987, *Le Chevalier à la rose* apparaît pour la première fois à Aix. Nouveau succès, en dépit d'une peu convaincante Maréchale. Les principaux artisans de ce succès sont à nouveau Semyon Bychkov dans la fosse et la charmante et fougueuse Jeanne Piland dans le rôle-titre, mais aussi un Baron Ochs (Aage Haugland) qui rend sa vérité au personnage en le dotant d'une morgue et d'une truculence dépouillées de la vulgarité caricaturale qui lui est si souvent imposée. Si la présentation scénique a paru un peu terne à certains, elle a le mérite d'écarter la surcharge rococo dont on affecte trop fréquemment l'ouvrage; et quelle belle idée que de faire, au dernier acte, disparaître dans les cintres la sordide auberge «de passe» pour laisser le sublime trio et le duo final s'envoler à nu devant le mur de l'Archevêché!

C'est dans cet esprit intimiste, écartant les poncifs de l'imagerie, que la veine «post-mozartienne» de Richard Strauss trouve et devrait élargir sa place dans le répertoire et le climat d'Aix. On espère et on attend *Capriccio*, *Arabella*, *La Femme silencieuse*...

Jeanne Piland dans le Chevalier à la Rose.

Huitième Interlude

Un recrutement à l'aixoise

Juin 1982 : les répétitions de La Flûte enchantée *ont commencé. La relation entre le metteur en scène et certains interprètes ne va pas sans quelques difficultés. L'incident grave surgit lorsque Judith Blegen, titulaire du rôle de Pamina, refuse catégoriquement de se plier à l'exigence du metteur en scène : plonger sa tête dans un baquet plein d'eau ! Il s'agit, certes, de « l'épreuve de l'eau », prévue dans le scénario ; mais le soprano estime sans doute que l'opération n'est guère favorable au travail vocal et scénique qu'elle a en charge d'assumer. Chacun restant sur sa position, Judith Blegen claque la porte et rompt son contrat. Situation dramatique : à quelques semaines de la première, le Festival n'a plus de Pamina !*

Tandis que la Direction s'affaire dans le réseau international pour trouver en un si bref délai une Pamina disponible, il faut bien que les répétitions continuent. Il y a heureusement dans la salle une toute jeune et blonde chanteuse britannique, bénéficiaire d'un stage pour suivre la préparation du festival ; elle possède le rôle et s'offre à assurer l'intérim nécessaire pour que les répétitions puissent suivre leur

Joan Rodgers, Pamina, auprès du Sarastro de Robert Lloyd, 1982.

cours normal. Au fur et à mesure que le travail se poursuit, la Pamina intérimaire se révèle rayonnante de charme et de musicalité... Et bientôt, le directeur abandonne ses recherches : la Pamina du Festival de 1982 est déjà sur le plateau ! Le soir de la première, Joan Rodgers obtient un immense succès. Le public d'Aix, séduit par sa luminosité tendre, l'adopte comme il sait le faire. Il la retrouvera à diverses reprises au cours des années suivantes.

La carrière internationale d'une cantatrice vient de débuter. Une fois de plus, le Festival d'Aix a rempli l'un de ses rôles traditionnels : découvrir et lancer un jeune talent.

Chapitre onze

Nouveau théâtre et coproductions

La première transformation du théâtre de l'Archevêché (1974-1975 — voir chap. VIII) avait réduit à quelque mille deux cents places sa capacité d'accueil. Une telle « jauge » était à l'évidence insuffisante pour répondre à l'attente du public comme pour assurer au Festival un volume de recettes compatible avec ses impératifs financiers.

La recherche d'un lieu complémentaire plus vaste fut poursuivie pendant près d'une décennie. Un projet d'aménagement de la « carrière de marbre noir » située à proximité de la route du Tholonet dut être abandonné, après expertises successives, pour des motifs d'urbanisme (difficultés et gênes provoquées par la circulation), en dépit des riches possibilités qu'il offrait par son ampleur, sa morphologie et sa situation aux portes de la cité. Nous avons évoqué, d'autre part (voir chap. X : *Mésaventures rossiniennes*), la tentative d'utilisation du jardin du Pavillon Vendôme, dont la façade offrait le plus somptueux des fonds de scène ; l'acoustique se révéla désastreuse et l'expérience fut sans lendemain.

Aussi les responsables en revinrent-ils à l'hypothèse d'un nouveau réaménagement du théâtre de l'Archevêché, cœur de la ville et de son festival. L'État, la Ville, la Région, le Département unirent leurs forces et leurs moyens pour mener à bien une nouvelle transformation. Un concours fut lancé, dont les objectifs étaient de retrouver une capacité d'accueil de mille six cents à mille sept cents spectateurs, analogue à celle du théâtre conçu en 1949 par Cassandre, d'accroître la profondeur de la scène et d'adapter les moyens scéniques et les espaces annexes nécessaires à la production de spectacles répondant aux exigences scénographiques contemporaines.

Le projet retenu fut celui de l'architecte-scénographe Bernard Guillaumot. Sa conception impliquait le démontage — pierre par pierre — de la façade intérieure située derrière la scène (et de la superbe fontaine qui en est l'ornement) et sa reconstitution avec un recul de près de cinq mètres. Cette solution, déjà proposée lors de la première transformation du théâtre, avait alors été refusée, sur avis défavorable de la Direction des Monuments historiques; en dépit de cette réticence, elle fut, cette fois, adoptée... L'accroissement de l'espace disponible permettait désormais de répondre aux objectifs, tant du côté « salle » que du côté scène.

La réalisation du nouveau théâtre constitua une véritable prouesse technique; les travaux débutèrent à l'automne de 1984 et s'achevèrent à temps pour la préparation et l'ouverture du festival de juillet 1985. Des fouilles archéologiques — indispensables avant le bouleversement du sol de la cour — vinrent encore compliquer la régulation du chantier. Aussi est-ce avec une fierté légitime que Jean-Pierre de Peretti della Rocca, maire d'Aix-en-Provence et président du Conseil d'administration du Festival, qui avait apporté toute sa conviction et ses efforts à l'aboutissement du projet, put inaugurer en temps voulu le nouveau théâtre, sans que le festival ait connu d'interruption.

La nouvelle « salle » de l'Archevêché a retrouvé

Nouveau théâtre, 1986.

une capacité d'accueil proche de mille six cent cinquante places. Si elle ne nous restitue pas l'élégance aérienne du théâtre de Cassandre, elle a le mérite — grâce aux retours en corbeilles latérales de ses deux balcons superposés — d'épouser la morphologie de la cour et de nous permettre d'en ressentir à nouveau l'espace privilégié. Sauf pour les spectateurs du deuxième balcon, la perception enchanteresse du ciel provençal, constellé d'étoiles, est toutefois réduite par le volume des cintres qui, enrobé de noir, se dresse désormais au-dessus du cadre de scène; technologie oblige.

La nouvelle scène permet, en effet, de répondre à la fois aux exigences des productions classiques et contemporaines: agrandi et doté de dessous profonds, le plateau est d'usage très souple et s'adapte à des partis scénographiques très variés. Les cintres facilitent l'alternance des trois ou quatre spectacles et des concerts prévus à l'Archevêché au cours d'un même festival, en permettant de suspendre en attente au-dessus du plateau l'essentiel des éléments constitutifs des différents décors. Grâce à une utilisation ingénieuse de

Plan de côté

certaines parties du bâtiment et des espaces adjacents, les dégagements techniques, foyers et loges d'artistes, ont été considérablement étendus ; des loges pour une soixantaine d'artistes ont notamment été aménagées dans une aile de l'Archevêché.

Le public dispose désormais d'un foyer, avec bar et galerie d'exposition, situé à l'arrière du parterre, dans le bâtiment même, sous le musée des Tapisseries. Volume agréable, lieu accueillant. Mais le grand bonheur de l'entracte aixois reste bien sûr ce « foyer » en plein air que constitue le parvis de l'Archevêché, entre son portail illuminé et la voûte de platanes qui lui fait face (quel autre théâtre bénéficie à cette fin d'une aussi ravissante place publique ?).

Voici donc, depuis 1985, le théâtre de l'Archevêché doté d'installations comparables à celles de la plupart des théâtres voués à la production lyrique. Ces nouveaux moyens facilitent — techniquement et financièrement — le montage des spectacles et surtout leur coproduction ou leur « revente » à des théâtres pourvus d'équipements

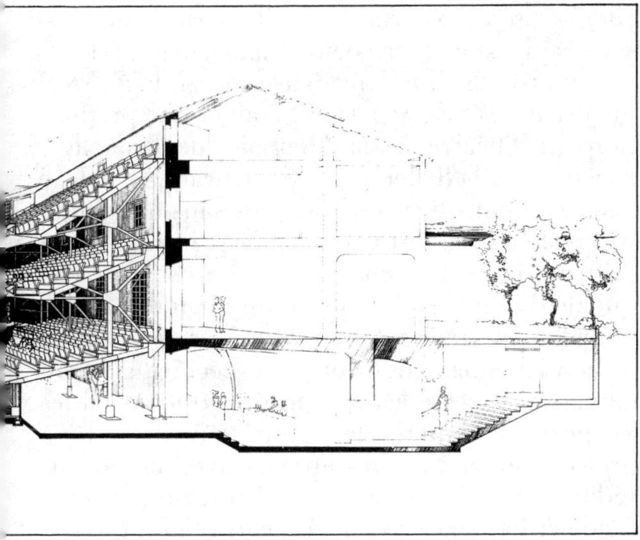

[no]uveau théâtre.

analogues. Il serait certes préférable — Louis Erlo est le premier à en convenir — qu'un spectacle monté pour le Festival d'Aix reste un événement unique; mais les contraintes financières ne le permettent plus. Le Festival est devenu « unité de production »; et Louis Erlo prend les garanties nécessaires pour que le spectacle ne soit pas défiguré lors de ses transferts: « Nous imposons aux théâtres avec lesquels nous sommes coproducteurs que l'équipe qui a travaillé sur le Festival soit la même. La distribution est en grande partie identique et les assistants du chef d'orchestre et du metteur en scène sont là pour pallier les absences des premiers maîtres d'œuvre » (Propos recueillis par Sergio Segalini, *Opéra International*, supplément au nº 83, *Aix 1985*).

Notons aussi que la permanence partielle de la distribution n'est rendue possible que par la disponibilité d'interprètes choisis pour la plupart hors des « vedettes » à l'emploi du temps surchargé.

Mais la mise aux normes usuelles du théâtre de l'Archevêché est une arme à double tranchant: si elle facilite « l'exportation », elle permet aussi — sous la pression des rigueurs financières — « l'importation », facilité dangereuse. Ainsi, le *Falstaff* de Verdi, présenté en 1987, était-il une production du Théâtre de la Monnaie, de Bruxelles ; spectacle de belle tenue, au demeurant, avec José van Dam dans le rôle-titre, mais sans originalité particulière. Un festival qui a la personnalité de celui d'Aix-en-Provence ne saurait courir le risque de devenir, peu ou prou, un « lieu d'accueil » pour des spectacles de répertoire, produits ici ou là. Son rayonnement vient de sa spécificité, de son climat et de ses créations propres (même s'il les « exporte » ensuite), de ses découvertes. Il l'a prouvé, pendant trente-sept ans, avec les moyens réduits que lui offraient sa scène trop peu profonde et l'absence de cintres, contraintes qui ont tant de fois stimulé l'esprit inventif des metteurs en scène et décorateurs au profit de spectacles qui portaient sa marque et qui créaient sa gloire.

Il ne s'agit certes pas de regretter que la mariée soit trop belle ; réjouissons-nous de ce que l'Archevêché dispose désormais de moyens scéniques qui facilitent grandement son fonctionnement. Mais l'« importation » de spectacles déjà montés et vus ailleurs ne peut que rester tout à fait exceptionnelle et justifiée par l'originalité du spectacle si l'on ne veut pas que le Festival y perde une partie de son âme.

Enfin, la dernière particularité — et non la moindre — du nouveau théâtre de l'Archevêché, c'est d'être entièrement démontable, autre prouesse du concepteur : déboulonnés, les gradins, et retirés pièce par pièce ! Extirpé, le cadre de scène, et entreposé ailleurs, lui aussi ! Quant à l'appareil scénique, des cintres au plateau, il s'escamote sur place, s'engloutit dans la fosse profonde de ses dessous ! Plus trace de théâtre. Pour une partie de l'année, la cour de l'Archevêché retrouve sa physionomie et redevient une cour de palais, pour le plus grand plaisir des flâneurs et des amoureux d'Aix.

Chapitre douze

Les concerts à Aix

Lors du festival inaugural de 1948, dix concerts entouraient la représentation quasi improvisée de *Cosi fan tutte.*À partir de 1950, ce sont douze à quinze concerts tous les ans autour de plusieurs opéras. En 1968, le Festival affichera dix-huit

Concert sur la place d'Albertas, 1978.

concerts. En 1974, la prise de fonctions de Bernard Lefort est marquée par l'organisation de vingt-six concerts, tous consacrés au chant, totalement ou partiellement, enveloppant trois spectacles d'opéra. Le nombre des concerts et récitals à chaque festival se situera désormais autour de la vingtaine — et souvent plus, avec une « pointe » à trente-trois concerts en 1985.

Les mots qui caractérisent les concerts du Festival d'Aix — tels qu'ils se déroulent depuis maintenant quarante ans passés — sont : ÉCLECTISME et DIVERSITÉ. Éclectisme du répertoire et des genres musicaux, diversité des interprètes, diversité des lieux de concerts.

Éclectisme du répertoire : de Monteverdi jusqu'à nos jours, tout le panorama de la musique classique et contemporaine occidentale a été illustré par les concerts d'Aix-en-Provence.

Dès les débuts du Festival, la musique du XXe siècle « y voisinait avec la musique des siècles passés sur un pied de parfaite égalité », comme l'a souligné Antoine Goléa. Dans le programme de 1957 figure une récapitulation des œuvres créées en France au cours des concerts du Festival de 1949 à 1956 : près d'une trentaine d'œuvres de compositeurs contemporains, français et étrangers, en sept saisons ! Du Groupe des Six à Jean Rivier, de Messiaen à Dutilleux, sans oublier les jeunes de l'époque, tels que Maurice Jarre et Maurice Le Roux ; de ce dernier, la création en 1953 du *Cercle des Métamorphoses* fera dire à Antoine Goléa : « une œuvre de haute valeur, qui fait regretter le fait que son auteur ait plus ou moins délaissé la composition ». Les étrangers aussi apparaissent en nombre : premières auditions mondiales de Werner Egk ou Luigi Nono, primières auditions en France ou en Europe de Webern et Hindemith.

La personnalité musicale de Hans Rosbaud, à la fois mozartien émérite et grand spécialiste des œuvres du XXe siècle a été déterminante pour l'ancrage immédiat au festival du répertoire contemporain. A côté des Cadets, puis de la Société des Concerts du Conservatoire, Hans Rosbaud fait venir à Aix, dès les premières années, sa propre formation, l'Orchestre du Südwestfunk de Baden-Baden, avec lequel, assisté d'Ernest Bour, chef adjoint, il travaillait à longueur d'années les œuvres de compositeurs tels que Mihalovici, Egk, Honegger, Stravinsky, Stockhausen, Schönberg, Dallapiccola, Henze, ou Webern, mais aussi Roussel, Sauguet ou Britten. Les deux chefs alternant au pupitre, l'Orchestre du Südwestfunk donnait chaque année plusieurs concerts au Festival, consacrés tantôt à l'époque de Mozart, tantôt à la nôtre. D'autres chefs, parfois, étaient appelés à le diriger: Paul Sacher et le jeune Pierre Boulez.

Notons, pour la petite histoire, que c'est Ernest Bour qui, lors de la genèse du premier festival, avait aiguillé Gabriel Dussurget vers Hans Rosbaud. Après la disparition de Hans Rosbaud, Ernest Bour lui succédera à la tête de l'Orchestre du Südwestfunk. Mais la formation de Baden-Baden ne paraîtra plus au Festival à partir des années soixante: souvenirs trop douloureusement riches?

Parallèlement à Rosbaud, d'autres grands chefs français œuvraient à Aix pour faire connaître la musique de nos contemporains: première audition en Europe de la *Turangalîla Symphonie* de Messiaen (1950) et création de la *Première Symphonie* de Dutilleux (1952) sous la baguette de Roger Désormière, première audition en Europe du *Concerto pour piano* de Poulenc sous la direction de Charles Munch avec le compositeur au piano, créations du *Marteau sans maître* (1955), de la *Troisième Sonate* et d'*Improvisation sur Mallarmé* de Pierre Boulez... La tradition ne s'est jamais démentie jusqu'à nos jours: après Roussel et Érik Satie, l'on joue, au fil des ans, Marius Constant, Jean Françaix, Gilbert Amy,

Charles Chaynes, Xenakis, Pierre Henry, Georges Aperghis... Il s'agit souvent de créations, parfois même de commandes directes, comme l'avait été, en 1952, *La Guirlande de Campra*, œuvre demandée collectivement — pour honorer le musicien aixois — à Arthur Honegger, Daniel-Lesur, Roland-Manuel, Germaine Tailleferre, Francis Poulenc, Henri Sauguet et Georges Auric.

Pierre Gay (*op. cité*) nous fait revivre une soirée mémorable. Serge Baudo était au pupitre de l'Orchestre de Paris: « C'était le 25 juillet 1970. Ce soir-là Rostropovitch présentait en première mondiale le *Concerto pour violoncelle* de Dutilleux que d'ailleurs il lui avait commandé. Cette œuvre somptueuse fut exécutée comme on peut facilement l'imaginer et l'enthousiasme du public fut à la hauteur de l'événement. Mais Rostropovitch n'était pas pleinement satisfait de lui-même. Peut-être l'intervention subreptice d'un léger mistral? Quoi qu'il en soit, l'œuvre fut reprise dans son intégralité à la stupéfaction d'un public qui n'avait jamais été à pareille fête.

Me dira-t-on où, sinon dans la nuit étoilée du

Karlheinz Stockhausen
lors des répétitions de Sirius,
au cloître Saint-Louis, 1977.

Festival d'Aix-en-Provence, pareil "miracle" aurait jamais pu se produire?»

Large panorama des compositeurs classiques et contemporains, mais extrême variété aussi des genres musicaux proposés: autour de l'opéra et du théâtre musical, les grands concerts symphoniques et lyriques alternent avec la sonate, la mélodie, les petits ensembles instrumentaux ou vocaux, les orchestres de chambre et la musique religieuse. Chaque type de concert trouve son lieu d'élection — selon sa nature et l'envergure du public attendu — parmi ceux, aussi multiples que séduisants, que propose la cité provençale.

Au fil des ans, la musique envahit des cours: celle de l'Hôtel de Ville, celle de l'Hôtel Maynier d'Oppède..., des places: celle des Quatre-Dauphins, celle des Cardeurs, le parvis de l'église Saint-Jean de Malte, des parcs: le jardin Campra, le parc Rambot..., des cloîtres: Saint-Sauveur, Saint-Louis..., des églises et, au premier chef, la nef de la cathédrale Saint-Sauveur, où résonnent

Entre Rostropovitch et Serge Baudo, Henri Dutilleux prépare la création mondiale de son concerto pour violoncelle, 1970.

la plupart des grands chefs-d'œuvre de la musique spirituelle (motets, requiem, messes et cantates), de Monteverdi à Duruflé. Après l'abandon, au terme de la saison 1974, d'un vaste lieu de concerts, dans le parc du Tholonet, à quelques kilomètres d'Aix, les grands concerts symphoniques ont lieu presque tous à l'Archevêché.

Mais la musique sort aussi des murs pour investir des lieux privilégiés dans la campagne environnante : abbayes, terrasses et parcs d'admirables châteaux du pays aixois ou du Lubéron (Lourmarin, Ansouis...)

C'est l'une des précieuses richesses du Festival que cette association de la découverte des lieux à la découverte des œuvres et des interprètes.

Orchestre de chambre sur la terrasse du château d'Ansouis.

Concert dans le cloître Saint-Sauveur, 1973.

Quant aux récitals « Une heure avec... », dont le succès ne cesse de s'amplifier, ils ont élu domicile dans le délicieux cloître Saint-Sauveur, lové entre la cathédrale et la cour de l'Archevêché, renforçant ainsi la densité artistique du Festival dans son secteur d'élection, au cœur de la vieille ville.

Il apparaît impossible d'évoquer la multiplicité des interprètes qui ont participé aux concerts d'Aix. Nous avons vu apparaître, tout au long de l'histoire du Festival, bien des noms prestigieux. Chacun les y retrouvera. Des chanteurs, nous avons longuement parlé ; n'y revenons pas. Mais, parmi les chefs et instrumentistes innombrables qui on fait la splendeur des concerts aixois sans participer aux spectacles lyriques, comment ne pas rappeler — pour nous en tenir aux gloires d'hier, ou aux gloires d'aujourd'hui alors débutantes — la présence de Markevitch, Dorati, Martinon, Georges Prêtre, Karl Richter ou Münchinger, du jeune Boulez (avec, notamment, des extraits de *Wozzeck* chantés par Helga Pilarczyk), du jeune Solti, du jeune Maazel ? Celle des ensembles de Munich (Redel), Zagreb (Janigro), Venise (Scimone), des formations de Fernand Oubradous, Jean-François Paillard, Maurice Bourgue ou Louis Auriacombe, de l'Orchestre de chambre de Hollande dirigé par Szymon Goldberg? Celle du trio Stern, Rose et Istomin? Après Clara Haskil, Robert Casadesus, Samson François et Jean Doyen, celle de Kempff, Geza Anda, Guillels, Sviatoslav Richter, Byron Janis, Gelber, Cziffra, Entremont ou Eschenbach? Après Francescatti, celle de violonistes tels que Milstein, Szeryng ou Kogan?... La liste serait interminable. Mais la tradition demeure. Et le Festival peut s'enorgueillir d'avoir fait venir, en 1986, le pianiste septuagénaire Jorge Bolet, exceptionnel interprète de Liszt et quasi inconnu en France.

Chapitre treize

Aix et son festival aujourd'hui

Lorsque le Festival est né, la ville d'Aix-en-Provence comptait à peine plus de 40000 habitants. Elle en comptait 120000 en 1980. C'est-à-dire qu'aujourd'hui, elle a largement triplé sa population depuis les débuts de la fête musicale.

Ce qui, à l'intérieur des boulevards circulaires, était alors « la ville », flanquée de ses faubourgs, est devenue « la ville ancienne », au milieu d'un vaste tissu urbain moderne (la surface de la ville a décuplé en trente ans) et des méandres autoroutiers. Fort heureusement, cette ville ancienne a sauvegardé son patrimoine architectural, son rythme et son atmosphère. A quelques taches près, elle réussit remarquablement la rénovation de ses vieilles rues, où se multiplient cependant restaurants et boutiques, où les piétons sont rois, mais font bon ménage avec les voitures contraintes de s'aventurer dans leur dédale.

Ainsi le vieil Aix offre-t-il toujours aux amoureux de la musique et du théâtre lyrique un écrin irremplaçable, par son échelle, son charme et cette grâce où alternent l'éclat de la lumière et les ombres secrètes.

Et, comme la Municipalité elle-même, la population nouvelle, même éloignée du centre ancien, a pris en compte le Festival comme un des principaux éléments constituants de l'image de sa cité: les résultats d'une enquête pratiquée à l'initiative de l'Office municipal du tourisme à travers l'ensemble de la population aixoise en 1986 situaient le Festival au second rang (14 pour 100) en tant que « point fort » de la ville, derrière son patrimoine architectural (32,5 pour 100).

Le répertoire d'Aix s'est constitué, grâce à Gabriel Dussurget, autour de Mozart et de l'esprit mozartien, avec toutes les ouvertures possibles jusqu'aux œuvres de notre temps, dans la compatibilité avec l'échelle du lieu. Bernard Lefort lui a apporté le *bel canto*, avec le même respect de l'échelle, et Louis Erlo les redécouvertes du baroque. Le voilà nanti d'une large palette, bien adaptée à son contexte.

L'usage de cette palette fluctue au fil des ans, au gré des circonstances — voire des modes — et selon les choix esthétiques des organisateurs (et aussi leurs contraintes financières). Ainsi se réjouit-on à l'annonce de la réapparition sur la scène d'Aix en 1989 de l'opéra du XXe siècle, qui n'avait plus été représenté depuis quelques années, avec *L'amour des trois oranges* de Serge Prokofiev.

Parmi les constantes du Festival d'Aix, il y a le goût de la recherche et de la découverte. Mais la spécificité d'Aix, celle qu'il importe par-dessus tout de préserver, c'est l'esprit de la *fête*, contenu dans l'essence même du mot « festival » et particulièrement exalté par la ville et sa campagne, ses lieux d'accueil, son ciel et son climat. La fête aixoise, c'est un ton familier et joyeux, le sens du divertissement comme de l'émotion, la nécessaire splendeur des voix et des images proposées.

Une autre caractéristique du Festival d'Aix — et qui rejoint l'esprit de la fête — est l'étonnante *effervescence* culturelle qui se développe autour de ses manifestations propres. Nous avons évoqué, au début de ces pages, l'afflux spontané des peintres, des écrivains, des musiciens, autour des premières manifestations du Festival. De ces initiatives individuelles naissaient rencontres, échanges et projets. Les temps ont changé et ces rencontres se sont institutionnalisées, « médiatisées ». Des associations — celle des Amis du Festival, au premier chef — et organismes divers, en liaison plus ou moins étroite avec le Festival, proposent au public rencontres et débats (destinés à être transmis ou publiés) avec les écrivains et les musiciens réunis, conférences, cours d'interprétation (faisant appel le plus souvent à de grands chanteurs qui ont fait la gloire d'Aix), « auditions commentées », expositions et initiations artistiques diverses. Le Festival lui-même publie, au cours de l'année, d'intéressants « Cahiers » sur des thèmes liés à sa production. La couverture du programme de chaque festival reproduit une œuvre originale d'un peintre célèbre, conçue à cette fin. Un hommage tout particulier fut rendu, en 1988, au peintre André Masson, maintenant plus que nonagénaire, qui suivit le Festival depuis ses débuts et y signa des décors (voir chap. V) : non seulement la couverture, mais aussi la quasi-totalité de l'iconographie intérieure furent consacrées à des reproductions de certaines de ses œuvres, proches du théâtre et de la musique.

Ainsi la symbiose continue. Que le Festival maintienne toutes ces valeurs, qui ont fait sa richesse et sa renommée, et il a de longues et belles années devant lui.

Neuvième Interlude

Marcel Provence et les bastides

Canotier sur la tête, barbe au vent, col ouvert, grosses bretelles sur sa chemise blanche, un homme de bonne taille, frisant la soixantaine, arpente d'un pas décidé les chemins caillouteux, les escaliers et les terrasses de quelques bastides des environs d'Aix. Autour de lui, derrière lui se pressent une vingtaine de personnes, captivées par ces pans de la vie aixoise que son verbe enthousiaste et intarissable fait ressurgir du passé. Car il sait tout du pays d'Aix, de son histoire, de ses vieilles familles, de ses constructions et de ses anecdotes.

Conservateur bénévole du musée des Tapisseries, il aurait pu, par cette journée baignée de chaleur, rester au frais entre les murs de l'Archevêché, veillant paisiblement sur les Grotesques *de Bérain, la série des* Don Quichotte *et la suite des* Jeux russiens. *Mais le Festival vient de naître et, semaine après semaine, il emmène à la découverte, dans un car fatigué, quelques-uns des nouveaux pèlerins que la musique attire dans sa ville, ravi de leur faire*

partager l'amoureuse passion que claironne son pseudonyme : Marcel Provence.

Les voici près de la fontaine en rocaille qui orne l'une de ces fières et discrètes demeures. Il narre à ses ouailles la mort accidentelle de son propriétaire, il y a près de deux siècles : celui-ci, réputé fort avare, tomba du mur où s'adosse la fontaine et se tua ; et Marcel Provence de citer avec un amusement gourmand le pamphlet en forme d'épitaphe qui courut alors :

Ci-gît Monsieur de Thomassin
Qui, de sa mort se sentant proche,
Se précipita d'une roche
Pour épargner le médecin.

En 1951, Marcel Provence mourut à son tour, sans avarice ni fontaine en rocaille. Mais la gratitude de la ville d'Aix lui laisse le loisir de contempler encore — du haut d'une fontaine, lui aussi — ceux qui, aujourd'hui, se pressent au Festival : lorsqu'ils abordent la place au fond de laquelle se dresse le portail de l'Archevêché, les spectateurs peuvent voir, à leur gauche, sur la fontaine d'Espéluque, un médaillon très académique dans lequel s'inscrit la digne figure de Marcel Provence, avec cette mention :

À Marcel Provence
1892 — 1951
Mainteneur de l'Âme Provençale.

Pages suivantes :
La foule entre au Théâtre de l'Archevêché.

LES INOUBLIABLES

Les « inoubliables » : d'immenses talents qui, par leur présence fidèle, l'éclat de leurs apparitions, le caractère personnel de leur apport, ont hissé le festival à son plus haut degré de richesse. Dirigeants ou interprètes, chefs d'orchestre ou régisseurs, metteurs en scène, chorégraphes, décorateurs ou chefs de chant, ils sont au moins une centaine !

La règle du jeu de la collection limite à vingt le nombre de leurs « portraits ». Ce qui engendre un inévitable arbitraire. Aussi avons-nous choisi de privilégier les intervenants à la « première époque », plus lointains dans la mémoire ou ignorés du jeune public, puis de jalonner les temps plus récents de quelques figures liées à un événement particulier ou à l'évolution de la scénographie lyrique.

Que les autres ne nous en tiennent pas rigueur : il ne s'agit en rien d'une sélection, mais d'une contrainte matérielle. Et le lecteur attentif les aura rencontrés au fil du récit...

Hans Rosbaud

L'année 1948 marque un double tournant dans la carrière de ce chef autrichien. Quittant la Philharmonie de Munich, il prend la direction de l'Orchestre du Südwestfunk de Baden-Baden, à la tête duquel il sera jusqu'à sa mort un pionnier fougueux de la musique contemporaine. Mais voici que, la même année, il accepte de venir diriger Mozart au premier festival d'Aix. Désormais, il partagera son temps entre les deux villes, préparant et dirigeant tous les spectacles mozartiens du Festival. Et de nombreux concerts, aussi: tantôt avec la Société des Concerts du Conservatoire, tantôt avec son orchestre du Südwestfunk qu'il fera venir régulièrement à Aix; répertoire du dix-huitième siècle et répertoire contemporain. Il y accompagnera au piano Elisabeth Schwarzkopf et Teresa Stich-Randall...

Sa maigre silhouette, un peu voûtée, généralement vêtue de sombre, était familière aux Aixois, de l'Archevêché au cours Mirabeau. Il a marqué de son sceau le style des représentations d'Aix, tant dans le *Platée* de Rameau que dans les ouvrages de Mozart. « Maniaque de la double croche », fouettant orchestre et chanteurs d'une baguette incisive, refusant toute boursouflure, mais portant aussi le phrasé des interprètes avec la plus fine sensibilité, l'œil pétillant d'humour, il imposait « ce sens de la pulsation dont il a eu — je crois — le secret comme personne » selon les termes de Gabriel Dussurget. Il savait aussi apaiser les tensions, susciter le meilleur de chacun. Que le commentateur laisse ici la place au témoignage de l'un de ces interprètes, Michel Sénéchal (in *Lyrica*, mai 1978): « Je n'ai jamais ressenti avec d'autres chefs, sauf Karajan, ce que je ressentais en travaillant avec Rosbaud. Il adorait le chant, et les chanteurs. Quand nous étions sur le plateau, il ne nous accompagnait pas, il jouait avec nous. Tous les problèmes disparaissaient. Nous avions l'impression qu'il nous présentait au public sur un plateau. Notre voix sortait toute seule. Il obtenait de nous des sons qu'il offrait au public. C'est la plus belle impression qu'un chanteur puisse avoir en scène. Aucune contrainte, mais de l'art pur, détendu... Il était le contraire de la rigidité, il incarnait la souplesse, et la fidélité au texte. Nous partions avec lui à la découverte de ce qui était écrit sur la partition... Son rayonnement dépassait d'ailleurs largement le cadre du travail. Homme de grande culture, sa conversation passionnait. Il avait pour livre de chevet Platon dans le texte et des traités de science atomique ! »

Lorsque la maladie éloigna Hans Rosbaud du Festival, celui-ci perdit une part de son âme musicale.

Ouvrages dirigés à Aix

Mozart	*Cosi fan tutte*	1948, 1950, 1953, 1955, 1957.
	Don Giovanni	1949, 1950, 1952, 1954, 1956, 1958.
	L'Enlèvement au sérail	1951, 1954.
	Les Noces de Figaro	1952, 1953, 1955, 1957.
Rameau	*Platée*	1956.

Renato Capecchi

Marcello Cortis, Buonafede dans le Monde de la Lune, *1959.*

Il a été la figure de proue du Festival, lors de son «envol» en 1949: un Don Juan étincelant, formant avec Marcello Cortis un couple Don Juan-Leporello resté historique. Et ce Don Juan était presque un débutant!... Confondant d'aisance, il brûle les planches: haute silhouette insolente, passant de la désinvolture joueuse à la gravité autoritaire ou à la plus sensuelle séduction. Voix d'une très riche étoffe, sonore ou insinuante, à l'unisson des changements d'attitude de son personnage. Dans cette phase initiale du Festival, il ajoute à son Don Juan un savoureux Guglielmo et un Barbier de Séville superbe d'exubérance.

Happé par ses engagements dans les salles les plus prestigieuses du monde, il s'éloignera du Festival d'Aix après 1953. Lorsqu'il y réapparaîtra, en 1969 (vingt ans après ses débuts dans Don Juan), c'est avec une voix plus sombre, plus grave; il a entre-temps chanté des rôles très dramatiques, vocalement beaucoup plus lourds, où ses qualités expressives, son génie de la composition théâtrale se sont exercés avec le même bonheur: un Rigoletto, un Iago fascinants... Aussi n'est-il plus Guglielmo dans *Cosi fan tutte*, mais Don Alfonso, le meneur de jeu; dans *Le Barbier de Séville*, un époustouflant Bartolo — et non plus Figaro. Il fait à Aix une nouvelle apparition en 1983, dans le rôle de Don Magnifico, la basse-bouffe de *La Cenerentola.*

... Capecchi avait noué d'autres liens avec Aix, en épousant la fille de l'ingénieur Joseph Rigaud, auteur du barrage qui porte son nom, au pied de la Sainte-Victoire.

Ses rôles à Aix

Mozart	*Don Giovanni*	Don Giovanni	1949, 1950.
	Cosi fan tutte	Guglielmo	1950, 1953.
		Don Alfonso	1969.
Monteverdi	*L'Orfeo* (en concert)	Orfeo	1950.
Rossini	*Le Barbier de Séville*	Figaro	1953.
		Bartolo	1969.
	La Cenerentola	Don Magnifico	1983.

Marcello Cortis

« Avant la guerre », il y avait eu, à Glyndebourne, le Leporello de Salvatore Baccaloni; « après la guerre », il y eut, à Aix, le Leporello de Marcello Cortis: canaille et rigolard, le sourire fendu jusqu'aux oreilles, tout en rondeurs et en truculence, ou décomposé de veulerie tremblotante, il a contribué au même titre que Cassandre, Jean Meyer, Rosbaud et Capecchi au triomphe du *Don Giovanni* initial.

Mais il a tenu à Aix un rôle beaucoup plus large: musicien d'une extrême subtilité, habile à jouer des intonations de sa voix si expressive et volubile pour passer du comique à l'acerbe, de la naïveté au sarcasme, doté d'un véritable génie dans la composition de ses personnages, il y fut un chanteur-comédien d'exception, dans le droit fil de la *commedia dell'arte* (non sans manifester parfois un traditionalisme intransigeant). Il a déployé son talent à travers de nombreux rôles et une mise en scène de *Cosi fan tutte* particulièrement aiguë et pénétrante, musicalement et psychologiquement, réalisée en 1953 et reconduite jusqu'en 1967. Il a été pendant près de quinze ans l'un des piliers des spectacles de l'Archevêché; sa disparition, succédant à celle de Hans Rosbaud, a privé le Festival d'un concours précieux.

Il aimait s'amuser et faire rire, à la ville et à la scène. Inoubliable, par exemple, ce concert de 1953, au programme duquel figurait *Le Maître de chapelle* de Cimarosa; après la brève introduction orchestrale (les musiciens sont sur scène, en tenue de soirée), ce fut l'inénarrable apparition du personnage soliste: Marcello Cortis, affublé d'une longue perruque à boucles et d'un extravagant costume tout chamarré de rubans, vieux maître de chapelle désuet pour un dix-huitième siècle finissant, se frayant un passage entre les instrumentistes en habit noir et prenant possession de l'estrade — que Hans Rosbaud lui abandonnait — pour «diriger», chanter, mimer la répétition bouffonne qui fait l'objet de cet *intermezzo giocoso*. Restons avec Cortis sur l'image de cette joyeuse plaisanterie.

Ses rôles à Aix

Mozart	*Don Giovanni*	Leporello	1949, 1950, 1952, 1954, 1956.
	Cosi fan tutte	Don Alfonso	1950, 1953, 1955, 1957, 1959, 1961.
(Mise en scène de l'ouvrage: 1953, reprise jusqu'en 1967.)			
Monteverdi	*L'Orfeo* (en concert)	Apollo	1950.
Rossini	*Le Barbier de Séville*	Bartolo	1953, 1956, 1958.
Haydn	*Le Monde de la Lune*	Buonafede	1959.
Barraud	*Lavinia*	Gennaro	1961.

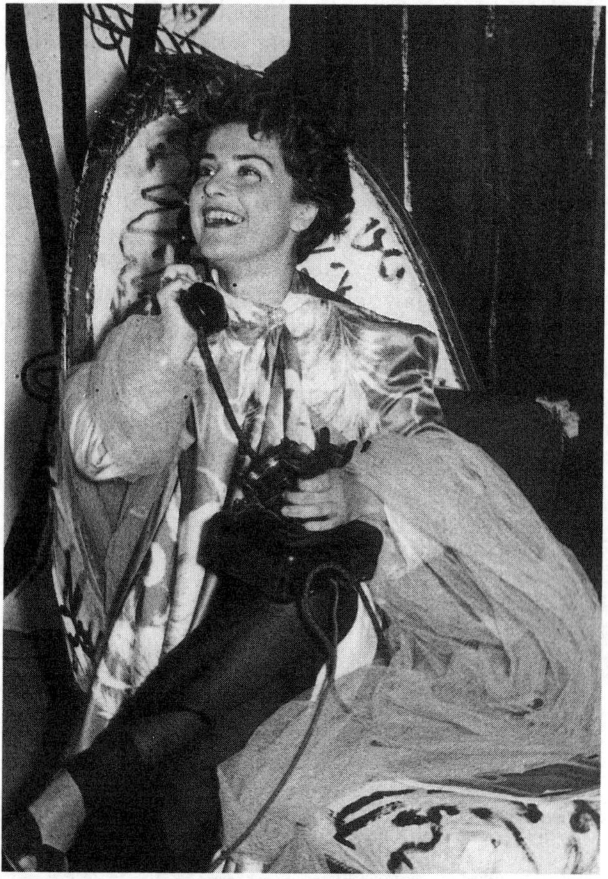

Graziella Sciutti, Lucy dans Le Téléphone, *1951.*

Une fraîcheur de source! Ravissante, spontanée, rieuse, pétillante de malice, la féminité même! Une voix de petit volume et de grande souplesse, des aigus aux reflets de perles, un sens exquis de la nuance expressive. Telle apparut en 1951 cette Italienne de dix-neuf ans devant les yeux éblouis des spectateurs d'Aix, dans *Le Téléphone* de Menotti (notre photo) et *Le Mariage secret* de Cimarosa.

L'année suivante, elle y incarnait pour la première fois la Suzanne des *Noces de Figaro*, et s'affirmait comme l'une des grandes interprètes du rôle, à l'égal d'Irmgard Seefried. Voici comment Yves Florenne la décrivait aux lecteurs du *Monde*, en juillet 1953: «Il n'est plus désormais qu'une Suzanne: Mlle Graziella Sciutti. Merveille des merveilles, oiseau comédien, elle s'envole, se pose, brûle les planches, enflamme Figaro, le comte et tout ce qui passe à portée, bondit, s'évanouit, reprend ses sens, se suspend pour chanter angéliquement au coin d'un paravent: nous sommes au septième ciel, et là voilà déjà qui reprend terre, relance le jeu, mène un train de tous les diables, céleste petit démon».

En même temps qu'elle chantait Mozart, elle réaffirmait au Festival son goût et son talent pour l'opéra contemporain en enrichissant de sa présence rayonnante la création très remarquée des *Caprices de Marianne* d'Henri Sauguet.

Ses rôles à Aix

Menotti	*Le Téléphone*	Lucy	1951.
Cimarosa	*Le Mariage secret*	Elisabetta	1951.
Mozart	*Les Noces de Figaro*	Suzanne	1952, 1953, 1957.
Sauguet	*Les Caprices de Marianne*	Marianne	1954.
Mozart	*Cosi fan tutte*	Despina	1971.

Carlo-Maria Giulini

Il s'est imposé depuis lors comme l'un des plus grands chefs de notre temps; il venait de rencontrer Toscanini et de débuter à la Scala lorsqu'il est descendu pour la première fois (1952) dans la fosse d'orchestre de l'Archevêché, pour diriger *Iphigénie en Tauride*.

D'emblée, le public français découvre en lui des qualités hors du commun: la probité et la rigueur musicales poussées à l'extrême, associées à un intense magnétisme qui lui permet d'obtenir des musiciens et des chanteurs le plus pur jaillissement.

Sa mince et altière silhouette, dressée sans raideur, la finesse incorruptible de ses traits aquilins corroborent ces aspects de son caractère.

Il mena au triomphe pendant quelques années un *Barbier de Séville* au rythme endiablé, en pleine intelligence avec le metteur en scène Maurice Sarrazin.

Quant au *Monde de la Lune*, redécouverte d'un chef-d'œuvre de Haydn, qu'il nous suffise de rappeler (voir — supra — le corps du récit) que, Giulini étant indisponible, Gabriel Dussurget se refusa à reprendre cette production exemplaire en son absence!...

Ouvrages dirigés à Aix

Gluck	*Iphigénie en Tauride*	1952.
Rossini	*Le Barbier de Séville*	1953, 1956, 1958.
Haydn	*Le Monde de la Lune*	1959.

Teresa Stich-Randall

Teresa Stich-Randall, la Comtesse dans Les Noces de Figaro, *1960.*

La récapitulation des rôles qu'elle a tenus à Aix, année après année, de 1953 à 1971, dit assez la place capitale qui fut celle de Teresa Stich-Randall dans les distributions mozartiennes du Festival.

Remarquée très jeune aux États-Unis (son pays natal), notamment par Toscanini qui l'avait engagée pour la Nanette de *Falstaff*, elle connaissait sur le vieux continent des débuts encore incertains lorsque Gabriel Dussurget la découvrit au concours de chant de Genève; si elle n'obtint pas le premier prix, elle y gagna beaucoup plus: son engagement à Aix, avec — pour sa première saison — les deux rôles majeurs de Fiordiligi et de la Comtesse! L'une des plus grandes cantatrices mozartiennes de notre temps prenait son essor.

Noblesse des attitudes, sensibilité intense, émotion communicative servies par une voix aérienne, un art admirable du phrasé et des *legati* impalpables, comme des sursauts véhéments, elle est la luminosité même.

Sa carrière se développera à travers le monde, à Vienne et à Salzbourg, à New York et à Chicago, mais elle restera fidèle à Aix... et adorée du public. Scrupuleuse au travail, fantasque dans la vie, elle demeure l'une des figures les plus attachantes du Festival, à l'histoire duquel elle est indissolublement associée.

Elle décrit elle-même ses bonheurs aixois lorsqu'elle confie à *L'Avant-Scène Opéra* (n° 59 — janvier 1984 — *L'Enlèvement au sérail*): « Je n'ai jamais connu Salzbourg l'été autrement que sous une pluie continuelle... Ce qui a créé le style d'Aix-en-Provence c'est "un autre esprit pour Mozart" par rapport à Salzbourg ou Vienne ou n'importe où ailleurs. Bien sûr nous arrivions de tous les horizons en sachant chanter Mozart, mais le Mozart d'Aix était simplement le plus gai, le plus joyeux: comment en aurait-il été autrement avec le soleil et le ciel de Provence, les maisons aixoises, l'Archevêché, le Théâtre de Cassandre? À cette époque tout était un rêve en Aix, le public et l'atmosphère... »

Ses rôles à Aix

Mozart	*Cosi fan tutte*	Fiordiligi	1953, 1955, 1957, 1959, 1961, 1963, 1965, 1971.
	Les Noces de Figaro	La Comtesse	1953, 1955, 1957, 1960, 1964, 1968.
	L'Enlèvement au sérail	Constance	1954.
	Don Giovanni	Anna	1956, 1958, 1960, 1964, 1966, 1969.
	La Flûte enchantée	Pamina	1958, 1959, 1961.
	Idoménée	Ilia	1963, 1966.
Strauss	*Ariane à Naxos*	Ariane	1963.

Michel Sénéchal dans Platée, *1956.*

Il avait déjà chanté Pedrillo deux ans auparavant. Mais 1956 donne lieu à un événement qui fait de Michel Sénéchal la vedette de ce festival là : c'est pour lui, autour de lui, que Gabriel Dussurget monte *Platée* dont Sénéchal tient le rôle-titre ; œuvre redécouverte, rôle d'une grande difficulté. Le spectacle se révèle un enchantement musical et théâtral. Michel Sénéchal est irrésistible de drôlerie et de raffinement vocal dans son travesti de vieille nymphe enamourée. Ténor à la voix claire, d'une exquise exactitude, d'une prodigieuse agilité, acteur étourdissant, il prend immédiatement une envergure européenne : Salzbourg et l'Opéra de Paris ne manqueront pas de se l'attacher.

À Aix, on le retrouvera le plus souvent dans des rôles de composition, où il excelle, mais aussi dans celui — beaucoup plus lyrique — de Ferrando. Lui aussi reste profondément imprégné de cette époque bénie ; voici comment il en parle (à *Lyrica*, mai 1978) : « Les débuts d'Aix furent une sorte d'âge d'or pour nous tous. Nous étions heureux d'y travailler, quelle que soit notre réputation internationale. J'étais débutant, mais les plus grands noms du chant mondial avaient un enthousiasme identique. Ils arrivaient tous parfaitement prêts. Pour ma part, j'apprenais tous mes rôles avec Irène Aïtoff qui fut très longtemps le chef de chant attitré du Festival. Une fois sur place, nous ne répétions pas plus que dans les autres théâtres, mais le résultat était très supérieur justement à cause du sérieux de notre préparation. Le travail de groupe se faisait alors dans la détente, dans la joie... Je pense qu'aucun Festival n'aura procuré à ses artistes des joies aussi rares, aussi denses, d'une qualité aussi précieuse, que le Festival d'Aix-en-Provence dans les années cinquante, quand il était vraiment ce que la France avait de plus beau à offrir en musique. »

Ses rôles à Aix

Mozart	*L'Enlèvement au sérail*	Pedrillo	1954.
	Les Noces de Figaro	Basile	1957, 1968.
	Cosi fan tutte	Ferrando	1965.
Rameau	*Platée*	Platée	1956.
Strauss	*Ariane à Naxos*	Scaramouche	1963.

Rolando Panerai

Rolando Panerai dans Le Barbier de Séville, *1965.*

Présence joyeuse, vitalité tendre, enthousiasme communicatif, tels sont les mots qui viennent à l'esprit pour évoquer la personnalité scénique de Rolando Panerai. La voix est pleine, chaude et sonore, dotée d'une large palette de couleurs et d'un mordant caractéristique dans les attaques. Sous des dehors rustiques, il use de tous ces moyens avec une adresse infinie. Il sait faire rire ou émouvoir, souvent les deux à la fois: on n'oubliera pas son Masetto, bouleversant de tendresse désarmée, son Falstaff, le Figaro de Mozart et sa rage déchirée dans l'air du quatrième acte (le disque nous conserve heureusement son interprétation du rôle, en 1955: l'épanouissement du personnage dans tous ses attributs, au sein d'une distribution de rêve).

De 1955 à 1972, Panerai devient à son tour l'un des plus fidèles soutiens du Festival, aux côtés de Marcello Cortis, Graziella Sciutti, Teresa Stich-Randall; bientôt Teresa Berganza, Luigi Alva, Gabriel Bacquier viennent rejoindre ce noyau de fidèles qui ont donné le ton et l'esprit des représentations d'Aix.

Ses rôles à Aix

Mozart	*Les Noces de Figaro*	Figaro	1955, 1957, 1960.
	Cosi fan tutte	Guglielmo	1955, 1957, 1961, 1963, 1965, 1967.
	Don Giovanni	Masetto	1956.
		Leporello	1958, 1960, 1966, 1972.
Rossini	*Le Barbier de Séville*	Figaro	1956, 1958, 1965, 1967.
Monteverdi	*Le Couronnement de Poppée*	Ottone	1961.
Verdi	*Falstaff*	Falstaff	1968.

Jean-Denis Malclès

Il est l'archétype du peintre qui s'est voué au théâtre; « c'est de la peinture animée » dit-il lui-même. La Comédie Française, les Ballets des Champs-Élysées, la Compagnie Grenier-Hussenot, la Comédie des Champs-Élysées où il illustra Jean Anouilh et Marcel Aymé..., comme il inventa les costumes des Frères Jacques, autant de lieux et de moments de l'histoire du théâtre qui jalonnent sa carrière.

Lorsqu'il arrive à Aix, pour l'*Orphée* de Gluck, en 1955, il a déjà touché deux fois au théâtre lyrique: *Adriana Lecouvreur* à la Scala de Milan, *Obéron* à l'Opéra de Paris. En quelques années, il va réaliser les décors et les costumes de cinq spectacles à l'Archevêché, tous imprégnés de cet esprit aixois de la fête; il est provençal, lui aussi.

Malclès, c'est la tradition et la fantaisie, la joie des formes et des couleurs, et un sens pénétrant du mouvement dans l'espace théâtral. Il réussit notamment pour *La Flûte enchantée* le tour de force d'assurer, sur un plateau aussi exigu, la succession sans coupures, avec changements à vue, de tableaux hétérogènes, dans une continuité qui est «la respiration même de la partition». Pour *Platée*, il retrouve son vieux complice, le metteur en scène Jean-Pierre Grenier; ensemble, ils savent assembler subtilement les ingrédients de la farce et les reflets d'une musique d'absolue délicatesse. C'est ensuite avec Maurice Sarrazin qu'il conçoit l'enchantement ininterrompu du *Monde de la Lune*, fête de l'imagination et de l'humour, ravissement du regard. Et qui mieux que lui aurait pu servir l'œuvre de deux autres Provençaux, Darius Milhaud et Armand Lunel, ces *Malheurs d'Orphée*, transcription locale du mythe, tout imprégnée de lumière et d'affectivité tantôt souriante, tantôt douloureuse?

Jean-Denis Malclès se rappelle avec bonheur l'étalement sur l'année de la préparation de chaque spectacle aixois, gage d'une maturation fructueuse, comme le climat amical et confiant du travail sur place. Un bel artisan des représentations de cette époque touchée par la grâce.

Ses décors à Aix

Gluck	*Orphée*	1955.
Rameau	*Platée*	1956.
Mozart	*La Flûte enchantée*	1958, 1959, 1961, 1963, 1965.
Haydn	*Le Monde de la Lune*	1959.
Milhaud	*Les malheurs d'Orphée*	1962, 1972.

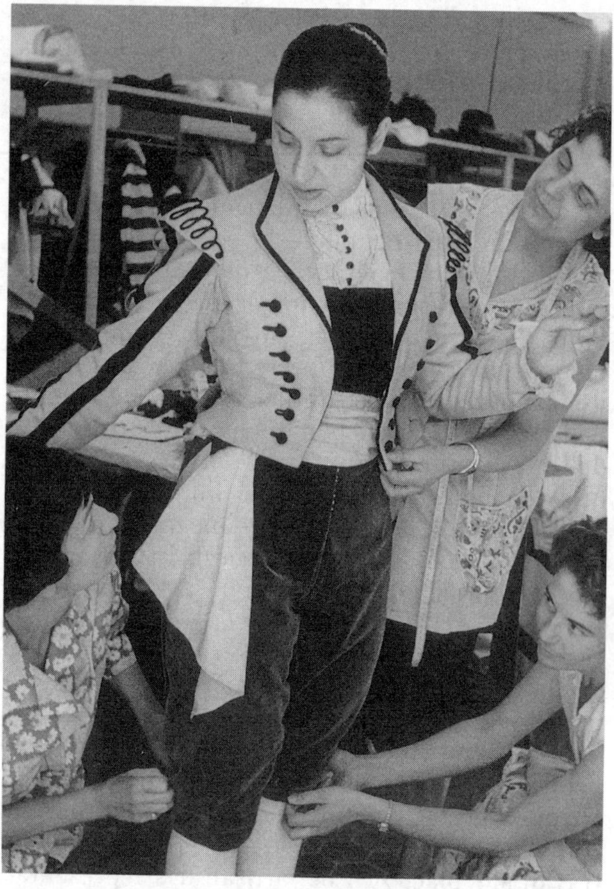

Teresa Berganza dans *Les Noces de Figaro*, 1960 : Chérubin essaye son costume.

Une élégance spontanée, très « dix-huitième siècle », à l'image de la ville. Teresa Berganza, profondément attachée à Aix, en a la douceur et le sourire. Elle y est revenue pendant plus de vingt ans dans les rôles les plus divers. Elle lui doit, comme d'autres, le démarrage de sa glorieuse carrière ; Gabriel Dussurget raconte : « Elle était venue me voir à la Comédie des Champs-Élysées.

Une grande dame du chant lui avait prédit auparavant: "Mademoiselle, ce n'est pas la peine de continuer, vous ne ferez jamais rien." Elle était venue pourtant sur la recommandation d'une dame espagnole que je connaissais, Lola de Aragon, qui m'avait téléphoné pour me dire d'écouter absolument Mlle Berganza. Je l'ai engagée sur-le-champ elle aussi, pour Dorabella.» *(op. cité)*

Tous ceux qui ont assisté au duo des «deux Teresa» (Stich-Randall et Berganza) dans *Cosi fan tutte* en ont gardé un souvenir ébloui. Elle a aussi prêté à Chérubin et à Rosine, aux «baroques» et à Massenet sa voix de mezzo-soprano ample et chatoyante, et son irrésistible personnalité. Affinités exquises entre le site et l'interprète.

Ses rôles à Aix

Mozart	*Cosi fan tutte*	Dorabella	1957, 1961, 1967.
	Les Noces de Figaro	Chérubin	1960, 1962, 1964.
Rossini	*Le Barbier de Séville*	Rosine	1958, 1965.
Purcell	*Didon et Enée*	Didon	1960, 1961.
Monteverdi	*Le Couronnement de Poppée*	Ottavia	1961, 1964.
Haendel	*Alcina*	Ruggiero	1978.
Massenet	*Werther*	Charlotte	1979.

Luigi Alva

Luigi Alva, Ottavio dans Don Giovanni, *1966.*

Le vrai ténor *di grazia*, comme — sans doute — l'on n'en a plus entendu depuis lors. Un timbre ensoleillé, en même temps que d'un velours exceptionnel. Un phrasé d'une imperturbable perfection. S'il se dégage du personnage une impression globale de grande suavité, celle-ci n'engendre ni mièvrerie, ni fadeur et laisse poindre la vitalité sous-jacente. Les traits fins, un profil de médaille, dressé sur sa petite taille, il tient son public sous le charme, mais sait aussi entrer dans le jeu du comique, un pétillement dans ses yeux langoureux distillant alors une malicieuse complicité. En témoignant le Ferrando, l'Ecclitico et le brillantissime Almaviva rossinien qu'il a incarnés à Aix.

Une anecdote de coulisses: ce Péruvien italianisé est aussi un fanatique du football; tandis qu'en scène, Don Juan tue le Commandeur, on aperçoit Ottavio dans l'un des réduits qui servaient alors de loges (des planches et un rideau), habit sombre et perruque poudrée, l'oreille collée à son transistor, ponctuant le déroulement de quelque match essentiel d'imprécations en italien et de vociférations à peine étouffées. Un instant plus tard, Ottavio réapparaît sur le plateau, plus suave que jamais, pour prodiguer à Donna Anna ses consolations d'une élégance éthérée...

Ses rôles à Aix

Mozart	*Cosi fan tutte*	Ferrando	1957, 1959, 1961, 1967.
	Don Giovanni	Ottavio	1960, 1962, 1964, 1966.
	La Flûte enchantée	Tamino	1961.
	L'Enlèvement au sérail	Belmonte	1962.
	Idoménée	Idamante	1966.
Rossini	*Le Barbier de Séville*	Almaviva	1965, 1967.
Haydn	*Le Monde de la Lune*	Ecclitico	1959.
Gounod	*Le Médecin malgré lui*	Léandre	1960.
Verdi	*Falstaff*	Fenton	1964.

Christiane Eda-Pierre

Christiane Eda-Pierre dans Alcina, *1978.*

« Christiane Eda-Pierre était dans les chœurs. Comme Nadine Denize. Comme Roger Soyer. Je choisissais mes choristes au Conservatoire ; ainsi étais-je sûr d'avoir de belles et jeunes voix dans les chœurs. Lorsqu'ils faisaient des progrès, je commençais à les prendre dans les petits rôles : Soyer a d'abord chanté Masetto en 1967 avant de faire Don Juan deux ans plus tard. Eda-Pierre a d'abord chanté Papagena, puis la Reine (de la

Nuit), en 1965. » Ainsi Gabriel Dussurget évoquait-il (pour *L'Avant-Scène Opéra*, n° 54, *Mithridate*, juillet 1983) les débuts de ces carrières prestigieuses auxquelles il a tant contribué.

Soprano lyrique doté des moyens de la *coloratura*, Christiane Eda-Pierre n'a cessé d'élargir son répertoire. Dans les rôles mozartiens, elle est passée de Papagena et la Reine de la Nuit à Constance, la Comtesse et Donna Anna. Hors Mozart, elle a chanté dans de nombreux ouvrages du dix-neuvième et aussi du vingtième siècle (notamment *Erzsebet* de Charles Chaynes et *Saint François d'Assise* de Messiaen). À Aix, c'est dans les œuvres de l'époque baroque qu'elle est réapparue, en particulier dans le rôle-titre de l'*Alcina* de Haendel, qui fit sensation.

Paradoxe : native de Fort-de-France, cette Martiniquaise était —paraît-il — mal à son aise pour travailler sous la chaleur du climat aixois ! Nul spectacteur de l'Archevêché ne s'en serait douté en écoutant, une fois venue la douceur du soir, sa voix radieuse.

Ses rôles à Aix

Mozart	*La Flûte enchantée*	Papagena	1959.
		Reine de la Nuit	1965.
Monteverdi	*L'Orfeo*	Eurydice	1965.
Campra	*Le Carnaval de Venise*	Isabelle	1975.
Haendel	*Alcina*	Alcina	1978.

Gabriel Bacquier

Gabriel Bacquier dans Falstaff, *1971.*

En scène, la puissance ou l'ironie, la bouffonnerie ou le drame, avec les accents les plus captivants; très forte présence, voix de bronze. À la ville, l'homme le plus discret qui soit. Encore une immense « bête de théâtre », dont Aix a révélé l'envergure et élargi la carrière à la plus vaste échelle internationale.

La révélation, ce fut le *Don Giovanni* de 1960; un Don Juan mûri, lucide et fascinant, diabolique aussi: « pour moi, Monsieur Bacquier a fait les récitatifs de Don Juan comme personne » dit Gabriel Dussurget *(op. cité)*. Gabriel Bacquier est un homme du Midi; il est resté un grand fidèle d'Aix. Après Don Juan, ce furent Alfonso, Figaro, le Comte, mais aussi des rôles très différents: comme ce Golaud impérieux, déchiré et déchirant, ou ce Falstaff resté historique (notre photo), non point baderne ridicule, mais vieux bouffon attendrissant et fier, « un peu comme un Don Quichotte de l'amour sensuel » pour reprendre l'expression de Jacques Lonchampt (*Le Monde*, juillet 1971).

Et voici que l'on nous annonce, pour juillet 1989, sa réapparition sur cette scène qui lui est si familière: il sera, pour notre plus grande joie, « le Roi de Trèfle » dans *L'Amour des trois oranges...*

Trente ans de connivence avec le public aixois!

Ses rôles à Aix

Mozart	*Don Giovanni*	Don Giovanni	1960, 1964, 1967.
	Cosi fan tutte	Alfonso	1963, 1965, 1967, 1977, 1980.
	Les Noces de Figaro	Figaro Le Comte	1964. 1970.
Debussy	*Pelléas et Mélisande*	Golaud	1966, 1968.
Verdi	*Falstaff*	Falstaff	1971.
Donizetti	*L'Elixir d'amour*	Dulcamara	1975.
	Don Pasquale	Don Pasquale	1978.
Prokofiev	*L'Amour des trois oranges*	Le Roi de Trèfle	1989 (sous réserve).

Robert Kerns

Robert Kerns dans Don Giovanni, *1966.*

Sur la scène d'Aix comme sur celles de Vienne et de Salzbourg, ce baryton américain a succédé au merveilleux Viennois Erich Kunz dans plusieurs de ses rôles de prédilection. À Aix, ce furent Papageno — incarné par Kunz en 1959 et 1961 — et l'Arlequin d'*Ariane à Naxos*.

Moins de verve et de tendresse, sans doute, que son prédécesseur, mais autant de gaieté et de charme. Voix aux sonorités à la fois pleines et délicates, émission raffinée, moelleux du timbre. Et une élégance patricienne qui, dans certains ouvrages, le porte vers d'autres rôles que ceux de Kunz (moins étoffés dans le grave, aussi: la tessiture de Kerns est celle d'un franc baryton et non celle d'un baryton-basse); là où Kunz était Figaro, Kerns est le Comte Almaviva; là où Kunz était Leporello, il est ce Don Juan seigneurial dont le public aixois a pu admirer l'éclat (notre photo).

Ses rôles à Aix

Mozart	*La Flûte enchantée*	Papageno	1963, 1965.
	Les Noces de Figaro	Le Comte	1964.
	Don Giovanni	Don Giovanni	1966.
Monteverdi	*L'Orfeo*	Orfeo	1965.
Strauss	*Ariane à Naxos*	Arlequin	1963, 1966.
Verdi	*Falstaff*	Ford	1964.

Jorge Lavelli

Metteur en scène de théâtre, cet Argentin installé à Paris a, de son propre aveu, longtemps détesté « l'opéra ». Il y est venu, à partir de 1969, à travers le théâtre lyrique contemporain; il en devient bien vite passionné. L'année 1975 marque son épanouissement dans ce domaine, avec trois réalisations qui font sensation: *Idoménée* à Angers, *Faust* à Paris, *Le Carnaval de Venise* à Aix-en-Provence.

À Aix, il a été le premier, pour *Le Carnaval de Venise*, puis pour *Alcina*, à utiliser le théâtre à nu : le plateau et aussi la façade intérieure de l'Archevêché qui se trouve en fond de scène, dont les superbes fenêtres deviennent lieux d'apparitions ou d'entrées pour les personnages. La diversité des espaces dictée par les scénarios est évoquée par des éléments mobiles : panneaux, voiles, rideaux, tenus et déplacés à la main. Pour *La Traviata*, au contraire, c'est un univers clos et oppressant qu'a inventé Lavelli, série de tableaux d'une terrible éloquence, montés dans un dispositif unique.

La mémoire du Festival oubliera l'impasse dans laquelle il s'est fourvoyé en 1979, enfermant *Les Noces de Figaro* dans la désespérance, pour ne retenir que le souffle neuf qu'à travers trois grands spectacles, il a apporté aux mises en scène aixoises, fruit d'un travail préalable profondément réfléchi et scrupuleusement mûri.

Ses mises en scène à Aix

Campra	*Le Carnaval de Venise*	1975.
Verdi	*La Traviata*	1976.
Haendel	*Alcina*	1978.
Mozart	*Les Noces de Figaro*	1979.

Montserrat Caballé

Montserrat Caballé, Elisabeth dans Roberto Devereux, *1977.*

La grande dame du répertoire romantique italien, de Bellini à Verdi, à la suite de Tebaldi et de Callas. Présence hiératique, voix ensorcelante : immenses phrases soutenues par un souffle inaltérable, *pianissimi* impalpables, frémissement du vibrato le plus subtil, chatoiement des couleurs dans le déroulement de la ligne de chant, stupéfiante acuité des vocalises, intensité constante de l'émotion.

Avec Bernard Lefort à la tête du Festival, la venue à Aix de «*la* Caballé» était assurée à un double titre: la «fête du chant» voulue par le nouveau directeur à travers le plus large répertoire ne pouvait se passer de la reine du *bel canto*. D'autre part, Bernard Lefort avait été son impresario dès l'aube de sa prestigieuse carrière; en 1963, déjà, il l'avait attirée à l'Opéra de Marseille pour un *Faust* mémorable. Une amitié profonde la liait à celui qu'elle considérait comme son «cicerone». Elle ne pouvait manquer de se rendre au rendez-vous aixois. Après un premier concert en 1974, c'est, en 1975, l'Élisabeth de Rossini au théâtre antique d'Arles (co-production Aix-Arles), puis celle de Donizetti, dans *Roberto Devereux*, à l'Archevêché. En 1980 a lieu l'inoubliable rencontre avec Marilyn Horne dans la *Sémiramis* de Rossini (voir portrait suivant)...

Travailleuse inlassable, passant d'un autoritarisme rigoureux à une gaieté bon enfant, Montserrat Caballé témoigne aussi à l'égard de ses partenaires d'une fraternité professionnelle jamais démentie: nombre des spectateurs de l'*Élisabeth* d'Arles ont perçu et gardé en mémoire l'attention et le soutien qu'elle apportait à Valerie Masterson qui, à ses côtés, débutait au Festival avec la lourde charge de remplacer Ileana Cotrubas dans un rôle difficile et rarement joué.

Ténacité, fidélité, amour de la vie: les maîtres-mots qui cernent le caractère de cette enfant de Barcelone.

Ses rôles à Aix

Rossini	*Elisabeth, reine d'Angleterre*	Elisabeth	1975.
Donizetti	*Roberto Devereux*	Elisabeth	1977.
Rossini	*Semiramis*	Semiramis	1980.

Marilyn Horne

Marilyn Horne dans Tancrède, *1981.*

Bernard Lefort crée l'événement lorsqu'en 1980, il réunit Montserrat Caballé et Marilyn Horne dans la distribution de *Sémiramis*: elles n'avaient jamais chanté ensemble! L'on pouvait craindre l'affrontement des « monstres sacrés »; il n'en fut rien: les deux lionnes ont rentré leurs crocs. Ce qui a soudé ce spectacle historique, c'est la fantastique admiration réciproque qu'elles se sont portée. Elles se sont découvertes, pour le plus grand bonheur du public, médusé par leur sidérant assaut de « beau chant », fraternel, imbriqué, hors des mesures usuelles...

Dans une tessiture plus grave — celle d'un mezzo-colorature à l'amplitude rare — le profil vocal de Marilyn Horne a beaucoup de points communs avec celui de Montserrat Caballé : tenue de l'émission, facilité de l'aigu, couleur et étoffe très dramatiques du registre grave, prodigieuse virtuosité dans le chant orné et les vocalises.

L'année suivante, Marilyn Horne revenait à Aix, associée cette fois à Katia Ricciarelli, pour un nouveau travesti rossinien, celui de Tancrède ; c'est encore un triomphe du *bel canto*, dicté par un Rossini juvénile et empreint de tendresse autant que d'écriture brillante.

Ses rôles à Aix

Rossini	*Sémiramis*	Arsace	1980.
	Tancrède	Tancrède	1981.

Valerie Masterson

Valérie Masterson, la Comtesse dans Les Noces de Figaro, *1979.*

Pour cette fort jolie Anglaise, le Festival d'Aix, c'était... deux mois de vacances ! Elle y travaillait et y chantait dans le bonheur. Refusant les hôtels qui s'offraient à ses séjours aixois, elle y vivait dans le « camping-car » familial ! Et la famille se mêlait à la troupe et à la vie du festival, accompagnant cette femme rayonnante.

Forte déjà d'un répertoire éclectique qu'elle déployait à Londres, au Sadler's Wells Opera, puis à Covent Garden, elle vint en 1975 sous le ciel provençal, pour remplacer Ileana Cotrubas aux côtés de Montserrat Caballé (voir le « portrait » de Montserrat Caballé). Elle suscite un engouement immédiat. Les années suivantes, elle reprend deux des plus grands rôles mozartiens, Fiordiligi et la Comtesse, où sa voix pleine, sensible et nacrée, la perfection confondante de ses attaques font merveille. Depuis cette époque, l'Europe et les États-Unis se la disputent. Quand la reverrons-nous entre les murs de l'Archevêché ?

Ses rôles à Aix

Rossini	*Elisabeth, reine d'Angleterre*	Mathilde	1975.
Mozart	*Cosi fan tutte*	Fiordiligi	1977, 1980.
	Les Noces de Figaro	La Comtesse	1979.
Haendel	*Alcina*	Morgana	1978.

Pier Luigi Pizzi

Répondant aux sollicitations successives de Bernard Lefort et de Louis Erlo, Pier Luigi Pizzi est venu à Aix signer la mise en scène et les décors de plusieurs spectacles qui ont — avec ceux de Jorge Lavelli — marqué très fortement l'évolution de la mise en scène des ouvrages lyriques au Festival.

Cette évolution, Pizzi la définit lui-même lorsqu'il dit au journaliste François Lafon: « Depuis la guerre, la scène théâtrale est passée des mains des peintres, qui travaillaient à plat, à celles des architectes dont l'art est fondé sur le relief. Le règne des décorateurs, par la même occasion, a fait place à celui des scénographes » (*Le Monde de la Musique* — avril 1985). Peut-on mieux caractériser le passage de l'époque où la scène d'Aix était livrée — glorieusement — aux peintres (Cassandre, Balthus, Derain, Clavé, Malclès, Ganeau, Clayette...) à celle que Pizzi illustre tout particulièrement avec *Sémiramis* (1980) et *Hippolyte et Aricie* (1983)?

Le cheminement personnel de Pizzi le conduisait tout droit à être un artisan éloquent de cette nouvelle conception du spectacle — et du spectacle lyrique: architecte de formation («L'architecture m'a appris à maîtriser l'espace, à reconnaître les lignes de force, à savoir placer les nœuds de tension», *op. cité*), il devient décorateur de théâtre, mais éprouve vite le besoin d'assumer la synthèse — dictée par une écoute à la fois avertie et affective de la partition et des situations dramatiques — entre le décor et la mise en scène, qui découle de l'espace inventé et l'anime suivant les directives de la musique.

Il sera désormais à la fois metteur en scène, scénographe-décorateur et éclairagiste: «les éclairages sont le moment où mon amour pour la peinture s'exprime le plus facilement» (à Nicole Duault, *France-Soir* — 1er avril 1985.)

Il est passionné par Rossini (le Rossini grave), Verdi et le baroque (monde de l'éphémère, du rêve). Aristocrate du monde théâtral, homme de grande culture, d'une extrême courtoisie, c'est un «Florentin», un seigneur de la Renaissance qui assume la traduction des œuvres d'hier pour le public d'aujourd'hui.

Ses interventions à Aix

Scénographie et décoration

Donizetti	*Roberto Devereux*	1977.
(montage musical)	*Porporino*	1979.

Scénographie, décoration et mise en scène

Rossini	*Semiramis*	1980.
Rameau	*Hippolyte et Aricie*	1983.

Semyon Bychkov

Celui qui va prendre la direction musicale de l'Orchestre de Paris à l'automne de 1989 était inconnu en France, mais déjà auréolé d'une très flatteuse réputation lorsqu'il apparut à Aix, en 1984, pour diriger *La Finta Giardiniera*. Il avait trente et un ans: c'était l'un des plus jeunes chefs à y diriger un opéra.

Il ne connaissait pas la partition que lui proposait Louis Erlo: lecture, coup de foudre, acceptation enthousiaste. Et cet enthousiasme rejaillit sur les interprètes, musiciens et chanteurs. Ce fut un triomphe pour cet ouvrage peu connu de la jeunesse de Mozart.

De ses origines russes — il est né et a commencé sa carrière à Léningrad ; il est naturalisé américain — Semyon Bychkov a gardé le tempérament, les foucades, les élans chaleureux et communicatifs. Au souffle, il joint un souci approfondi du détail, de la couleur, des exigences expressives. Au cours des festivals suivants, c'est à deux grands ouvrages de Richard Strauss qu'il apporte ses soins avec le même bonheur.

Encore une de ces gloires montantes qui seront passées par le ciel d'Aix pour atteindre le firmament.

Ouvrages dirigés à Aix

Mozart	*La Finta Giardiniera*	1984.
Strauss	*Ariane à Naxos*	1985. 1986.
	Le Chevalier à la rose	1987.

TABLEAUX DES OPÉRAS DONNÉS AU FESTIVAL

Così fan tutte - Mozart

Années	*Direction*	*Mise en scène*	*Décors*	*Interprètes*					
				Fiordiligi	*Dorabella*	*Despina*	*Ferrando*	*Guglielmo*	*Alfonso*
1948	Rosbaud	Morel	Wakhévitch	Wanner	Gardino	Morel	Seri	Colombo	Fehr
1950	Rosbaud	Meyer	Balthus	Danco	Zareska	Loose	Simoneau	Capecchi	Cortis
1953	Rosbaud	Cortis	Balthus	Stich-Randall	Merriman	Sciutti	Simoneau	Capecchi	Cortis
1955	Rosbaud	Cortis	Balthus	Stich-Randall	Merriman	Streich	Gedda	Panerai	Cortis
1957	Rosbaud	Cortis	Balthus	Stich-Randall	Berganza	Adani	Alva	Panerai	Cortis
1959	Erede	Cortis	Balthus	Stich-Randall	Merriman	Adani	Alva	Blankenburg	Cortis
1961	Gielen	Cortis	Balthus	Stich-Randall	Berganza	Adani	Alva	Panerai	Cortis
1963	Baudo	Cortis	Ganeau	Stich-Randall	Casoni	Adani	Bottazzo	Panerai	Bacquier
1965	Baudo	Cortis	Ganeau	Stich-Randall	Berganza	Adani	Sénéchal	Ganzarolli Mantovani	Bacquier
1967	Gielen	Cortis	Ganeau	Harwood	Veasey	Adani	Alva	Panerai	Bacquier
1969	Baudo	Mauclair	Ganeau	Robson	Gonzales	Neville	Gimenez	Giombi	Capecchi
1971	Suitner	Leveugle	Ganeau	Stich-Randall	Elias	Sciutti	Benelli	Rinaldi	Trempont
1977	Mackerras	Mercure	Boruzescu	Masterson	Lindenstrand	Burrowes	Araiza	Skram	Bacquier
1980	Mackerras	Mercure	Boruzescu	Masterson	Lindenstrand	Burrowes	Araiza	Skram	Bacquier
1988	Tate	LLorca	Moye	Poschner-Klebel	James	Upshaw	Blochwitz	Baer	van Dam
1989*	Tate	LLorca	Moye	Poschner-Klebel	James	Upshaw	Blochwitz	Baer	van Dam

* (sous réserve)

Don Giovanni - Mozart

Années	*Direction*	*Mise en scène*	*Décors*	*Interprètes*							
				Don Giovanni	*Leporello*	*Anna*	*Elvira*	*Zerlina*	*Ottavio*	*Masetto*	*Le Commandeur*
1949	Rosbaud	Meyer	Cassandre	Capecchi	Cortis	Ebers	Danco	Loose	Renzi	Coda	Arié
1950	Rosbaud	Meyer	Cassandre	Capecchi	Cortis	Castellani	Danco	Loose	Simoneau	Coda	Arié
1952	Rosbaud	Meyer	Cassandre	Rehfuss	Cortis	Martinis	Rysanek	Alarie	Simoneau	Coda	Arié
1954	Rosbaud	Meyer	Cassandre	Rehfuss	Cortis	Moscucci	Nolli	Ferrari-Ongaro	Monti	Vessières	Arié
1956	Rosbaud	Meyer	Cassandre	Campo	Cortis	Stich-Randall	Danco	Moffo	Gedda	Panerai	Arié
1958	Rosbaud	Meyer	Cassandre	Campo	Panerai	Stich-Randall	Rubio	Adani	Spina	Tadeo	Wiemann
1960	Erede	Meyer	Cassandre	Bacquier	Panerai	Stich-Randall	Vartenissian	Adani	Alva	Tadeo	Trama
1962	Gielen	Meyer	Cassandre	Prey	Kunz	Lorengar	Ligabue	Adani	Alva	Pedani	Tadeo
1964	Maag	Meyer	Cassandre	Bacquier	Ganzarolli	Stich-Randall	Ligabue	Adani	Alva	Uppman	Tadeo
1966	Rivoli	Meyer	Cassandre	Kems	Panerai	Stich-Randall	Bosabalian	Venora	Alva	van Dam	Zaccarnia
1967	Baudo	Meyer	Cassandre	Bacquier	Blankenburg	Janowitz	Staellmann	Bonifaccio	Blankenship	Soyer	Mars
1969	Semkov	Meyer	Cassandre	Soyer	Gramm	Stich-Randall	Harwood	Miranda	Krenn	Howlett	Thaw
1972	Boettcher	Meyer	Cassandre	Soyer	Panerai	Moser	Zylis-Gara	Vogel	Kozma	Mazo	Thaw
1976	Lopez-Cobos	Vincent	Cauchetier/Dautremay	Stilwell	Dean	Hayashi	Mauti-Nunziata	Lindenstrand	Schomberg	Lloyd	Lloyd
1981	Pritchard	Vincent	Chambas	Devlin	King	Shade	Buchanan	Porta	McCauley	Martinelli	Kavrakos
1986	Soltesz	Bourdet	Peduzzi	Quillico	Lafont	Murphy	Kemmer	Rozario	Lopardo	Cowan	Rea

L'Enlèvement au sérail - Mozart									
Années	*Direction*	*Mise en scène*	*Décors*	*Interprètes*					
				Constance	*Blonde*	*Belmonte*	*Pedrillo*	*Osmin*	*Selim*
1951	Rosbaud	Bertin	Derain	Morales	Loose	Haefliger	Mercuriali	Ollendorf	Bertin
1954	Rosbaud	Grenier	Derain	Stich-Randall	Prietto	Gedda	Sénéchal	Arié	Verner
1962	Baudo	Le Poulain	Derain	Rothenberger	Hanak	Alva	Hamel	Langdon	Borodo
1967	Semkov	Le Poulain	Derain	Kontou	De Groote	Blankenship	Besançon	Langdon	Dhermay
1987	Jordan	Lavaudant	Vergier	Devia	Dahl	Blochwitz	Broitman	von Kannen	Schmitt

Les Noces de Figaro - Mozart

Années	*Direction*	*Mise en scène*	*Décors*	*Interprètes*										
				Figaro	*Suzanne*	*Le Comte*	*La Comtesse*	*Chérubin*	*Marceline*	*Barberine*	*Basile*	*Antonio*	*Curzio*	*Bartholo*
1952	Rosbaud	Sarrazin	Clavé	Roux	Sciutti	Rehfuss	Rysanek	Litz	Tangeman	Simon	Cuenod	Coda	Friedmann	Cortis
1953	Rosbaud	Sarrazin	Clavé	Tozzi	Sciutti	Calabrese	Stich-Randall	Delman	Tangeman	Simon	Cuenod	Coda	Friedmann	Luise
1955	Rosbaud	Sarrazin	Clavé	Panerai	Streich	Rehfuss	Stich-Randall	Lorengar	Gayraud	Ignal	Cuenod	Vessières	Friedmann	Cortis
1957	Rosbaud	Sarrazin	Clavé	Panerai	Sciutti	Campo	Stich-Randall	Adani	Betti	Roblot	Sénéchal	Bedex	Friedmann	Cortis
1960	Gielen	Sarrazin	Clavé	Panerai	Steffek	Campo	Stich-Randall	Berganza	Betti	Harbell	Hamel	Benoit	Lecocq	Cortis
1962	Gielen	Sarrazin	Clavé	Kunz	Adani	Prey	Ligabue	Berganza	Gayraud	Grobel	Hamel	Benoit	Lecocq	Marangoni
1964	Maag	Meyer	Clavé	Bacquier	Rinaldi	Kerns	Stich-Randall	Berganza	Johnson	Geanty	Hamel	Loreau	Delaunay	Monreale
1968	Semkov	Cochet	Clayette	Rinaldi	Robson	Palmer	Stich-Randall	Casula	Rössl-Majdan	Blanzat	Sénéchal	Loreau	Proenza	Langdon
1970	Semkov	Cochet	Clayette	Romero	Robson	Bacquier	Panni	Lublin	Collard	Blanzat	Andreolli	Loreau	Proenza	Lagger
1972	Guschlbauer	Etchevery	Clayette	Sardinero	Malone	Nimsgern	Bosabalian	Casas	Collard	Rodde	Proenza	Lequipée		Tadeo
1979	Marriner	Lavelli	Bignens	Ramey	Hendricks	Devlin	Masterson	Murray	Grima	Barbaux	Chevalier	Courtis	Andreozzi	Bastin
1985	Gardiner	Pier'Alli	Pier'Alli	Cachemaille	Barbaux	Hampson	Cuberli	Montague	Chamonin	Argenta	Benelli	Fremeau	Fockenoy	Loup

La Flûte enchantée - Mozart

Années	1958	1959	1961	1963	1965	1971	1982	1989 (sous réserve)
Direction	Erede	Erede/Baudo	Gielen	Pritchard	Bellugi	Giovaninetti	Guschlbauer	Jordan
Mise en scène	Grenier	Grenier	Grenier	Grenier	Grenier	Grenier	Pintilié	Lavelli
Décors	Malclès	Malclès	Malclès	Malclès	Malclès	Louradour	Boruzescu	Bignens
Tamino	Wunderlich	Holm	Alva	McAlpine	Kmentt	Tappy	Hagegard	Streit
Pamina	Stich-Randall	Stich-Randall	Stich-Randall	Janovitz	Janovitz	Gomez	Rodgers	Upshaw/Orgonasova
Papageno	Berry	Kunz	Kunz	Kerns	Kerns	Lindauer	Dickson	Scharinger
Papagena	Stahlman	Eda-Pierre	Adani	Adani	Berbié	Perriers	Littig	Schmid
Reine de la Nuit	Coertse	Silja	Woodland	d'Angelo	Eda-Pierre	Garnier	Freiberger	Kwon
Sarastro	Wiemann	Guthrie	Van Mill	Tadeo	Tadeo	De Narke	Lloyd	Knodt
Monostatos	Benoît	Benoît	Benoît	Gui	Andreolli	Andreolli	Cole	Cole
1re Dame	Balsbourg	Sautereau	Sautereau	Tarrès	Montoya	Barthélemy	McLaughlin	Margiono
2e Dame	Berbié	Berbié	Berbié	Berbié	Herbé	Jenkins	Salvan	James
3e Dame	Rössl-Majdan	Rössl-Majdan	Smith	Draksler	Draksler	Draksler	Oertel	Stutzmann
Orateur/1er Prêtre	Tadeo	Tadeo	Tadeo	Mars	van Dam	Christou	Tomlinson/David	Muff/Lander
2e Prêtre	Barrès	Marqueste	Violier	Leroy	Lecocq	Planquart	Heineken/Depoil	Randle
Gardiens du Temple	Gouge	Marqueste	Violier	Leroy	Lecocq	Planquart	Dale	Randle
	Tadeo	Tadeo	Tadeo	Mars	van Dam	Christou	Tomlinson	Lander

Idoménée - Mozart

Années	Direction	Mise en scène	Décors	Interprètes					
				Idoménée	*Idamante*	*Electre*	*Ilia*	*Arbace*	*Le Grand Prêtre*
1963	Maag	Crochot	Lalique	Dowd	McAlpine	Tarres	Stich-Randall	Tadeo	Villisech
1966	Maag	Crochot	Lalique	Dowd	Alva	Tarres	Stich-Randall	Summers	Williams
1986	Graf	Strosser	Strosser	Rolfe-Johnson	Piland	Coelho	Greenberg	Torzewski	Ford

Le Directeur de Théâtre - Mozart

Années	Direction	Mise en scène	Décors	Interprètes					
				Mme Herz	*Mme Silberklang*	*Le 1er chanteur*	*M. Lieberstrumpf*	*M. Vogelsang*	
1974*	Casadesus	Le Poulain	Harth	Cuccaro	Robinson	Benoît	Le Poulain	Chevalier	
1975*	Gomez-Martinez	Le Poulain	Harth	Cuccaro	Robinson	Benoît	Le Poulain	Chevalier	

La clémence de Titus - Mozart

Années	Direction	Mise en scène	Décors	Interprètes					
				Vitellia	*Servilia*	*Titus*	*Annius*	*Sextus*	*Publius*
1974	Erede	Bourseiller	Gustin	Rogers	Chateau	Tappy	Titus	Littai	Thau Lloyd
1988	Jordan	Cacoyannis	Georgiadis	Margiono	Szmytka	Rendall	Mason	Piland	Surian

Mitridate Re di Ponto - Mozart

Années	Direction	Mise en scène	Décors	Interprètes						
				Mitridate	*Sifare*	*Arbate*	*Marzio*	*Aspasia*	*Farnace*	*Ismene*
1983	Guschlbauer	Fall	Didier	Blake	Putnam	Rodgers	Jeffes	Kenny	Browne	Martin

La finta giardiniera - Mozart

Années	*Direction*	*Mise en scène*	*Décors*	*Interprètes*						
				Sandrina	*Arminda*	*Serpetta*	*Ramiro*	*Belfiore*	*Podesta*	*Nardo*
1984	Bychkov	Bourdet Milianti	Bourdet	Alexander	Weidinger	Rodgers	von Otter	Aler	Rolfe Johnson	Cachemaille

L'Orfeo - Monteverdi

Années	*Direction*	*Mise en scène*	*Décors*	*Interprètes*					
				Orfeo	*Caronte et Plutone*	*Apollo*	*Un berger*	*Musique* *Eurydice* *Ninfa*	*Messagera* *Speranza* *Proserpina*
1950 1965	Bour Rivoli	(Concert) Sequi	Silbermann	Capecchi Kerns	Arie Soyer	Simoneau Lecocq	Cortis Mielsch	Danco Eda-Pierre	Ribacchi Berbié
1985	Corboz	Goretta	Bufnoir	Quilico	Voutsinos	Le Roux	von Binzer Nirouet	Alliot-Lugaz Michaël Wittingham	Draksler Watkinson Borst

Le Téléphone - Menotti

Années	Direction	Mise en scène	Décors	Interprètes					
				Lucy	*Ben*				
1951 1956	Gitton Gitton	Bertin Bertin	Ganeau Ganeau	Sciutti Mesplé	Roux Benoît				

Il matrimonio segreto - Cimarosa

Années	Direction	Mise en scène	Décors	Interprètes					
				Geronimo	*Elisetta*	*Carolina*	*Fidalma*	*Robinson*	*Paolino*
1951	Gavazzeni	Bertin	Ganeau	Ollendorf	Sciutti	Alarie	Zareska	Souzay	Haefliger

Iphigénie en Tauride - Gluck

Années	Direction	Mise en scène	Décors	Interprètes					
				Iphigénie	*Diane*	*Pylade*	*Oreste*	*Une femme*	*Thoas*
1952	Giulini	Doat	Masson	Neway	Rolle	Simoneau	Mollet	Codinas	Massard

Il Barbiere di Siviglia - Rossini

Années	Direction	Mise en scène	Décors	Interprètes							
				Rosine	*Berta*	*Almaviva*	*Figaro*	*Bartolo*	*Basile*	*Fiorello*	*Un Officier*
1953	Giulini	Sarrazin	Derain	Wilson	Tangeman	Valletti	Capecchi	Cortis	Calabrese	Abdoun	Enzo
1956	Giulini	Sarrazin	Derain	Ratti	Cadoni	Oncina	Panerai	Cortis	Arie	Abdoun	Friedmann
1958	Giulini	Sarrazin	Derain	Berganza	Betti	Spina	Panerai	Cortis	Calabrese	Villisech	Dunan
1965	Rivoli	Sarrazin	Derain	Berganza	Sarti	Alva	Panerai	Benoît	Tadeo	Selva	Andreolli
1967	Semkov	Sarrazin	Derain	Kontou	Collard	Alva	Panerai	Benoît	Leroy	Sieyes	Leroy
1969	Rivoli	Sarrazin	Derain	Berbie	Rivas	Gimenez	Rinaldi	Capecchi	Gramm	Sieyes	Andreolli
1984	Gelmetti	de Simone	Carosi	Podles/ Damonte	Zanini	Gambill	Melbye	Bastin	van Dam	Frémeau	Schirrer

Il Maestro di capella - Cimarosa

Années	Direction	Mise en scène	Décors	Interprète							
				Le Maître de chapelle							
1953	Rosbaud	(Concert)		Cortis							
1954	L. de Froment	(Concert)		Cortis							
1977	Weikert	Le Poulain	Harth	Benoît							

Les caprices de Marianne - Sauguet

Années	*Direction*	*Mise en scène*	*Décors*	*Interprètes*				
				Marianne *Caludio*	*Hermia* *Aubergiste*	*Coelio* *Tibia*	*Octave* *La Duegne*	
1954	de Froment	Meyer	Dupont	Sciutti Linsolas	Companez Friedmann	Capocci Rondeleux	Benoît Bedex	

Mireille - Gounod

Années	*Direction*	*Mise en scène*	*Décors*	*Interprètes*				
				Mireille *Ourias*	*Taven* *Ramon*	*Vincenette* *Ambroise*	*Clémence* *Le Passeur*	*Vincent* *Andreloun*
1954	Cluytens	Grenier	Wakhevitch	Vivalda Dens	Gayraud Vessières	Ignal Rondeleux	Jacquin Tropin	Gedda Gedda

Orphée - Gluck

Années	*Direction*	*Mise en scène*	*Décors*	*Interprètes*				
				Orphée	*Eurydice*	*Amour*		
1955	Ristenpart	Meyer	Malclès	Gedda	Micheau	Siderer		

Zémire et Azor - Grétry

Années	*Direction*	*Mise en scène*	*Décors*	*Interprètes*					
				Zémire	*Fatmé*	*Lisbé*	*Azor*	*Ali*	*Sander*
1956	Martin	Sarrazin	Ganeau	Mesplé	Ferrier	Barthélemy	Thaw	Hamel	Linsolas

Platée - Rameau

Années	*Direction*	*Mise en scène*	*Décors*	*Interprètes*					
				Thespis *Jupiter*	*Satyre* *Mercure*	*Momus* *Folie*	*Thalie* *Junon*	*Platée* *Iris*	*Cithéron* *Clarine*
1956	Rosbaud	Grenier	Malclès	Gedda Huc-Santana	Tropin Thaw	Benoît Micheau	Sautereau Castelli	Sénéchal Mossena	Jansen Sautereau

Carmen - Bizet

Années	*Direction*	*Mise en scène*	*Décors*	*Interprètes*					
				Carmen *Mercedes*	*Micaëla* *Morales*	*Don José* *Zuniga*	*Escamillo* *Le Dancaïre*	*Frasquita* *Le Remendado*	
1957	Dervaux	Grenier	Ganeau	Madeira Sicot	Vivalda Marty	Filacuridi Geay	Roux Benoît	Barthélemy Hamel	

Il Mondo della Luna - Haydn

Années	*Direction*	*Mise en scène*	*Décors*	*Interprètes*					
				Ecclitico	*Buonafede*	*Ernesto*	*Flaminia*	*Clarice*	Lisetta
1959	Giulini	Sarrazin	Malclès	Alva	Cortis	Pedani	Rizzoli	Adani	Casoni

La Voix humaine - Poulenc

Années	*Direction*	*Mise en scène*	*Décors*	*Interprète*					
1960	Prêtre	Cocteau	Cocteau	Denise Duval					

Le Médecin malgré lui - Gounod

Années	Direction	Mise en scène	Décors	Interprètes					
				Léandre Lucinde	*Géronte Martine*	*Valère Jacqueline*	*Lucas Robert*		
1960	Baudo	Meyer	Ganeau	Alva Harbell	Vessières Betti	Benoît Benoît	Hamel Prince		

Dido and Aeneas - Purcell

Années	Direction	Mise en scène	Décors	Interprètes						
				Dido	*Belinda*	*La Suivante*	*Aeneas*	*La Magicienne*	*Deux Sorcières*	*Marin*
1960	Dervaux	Crochot	Lalique	Berganza	Steffek	Millet	Souzay	Berbié	Harbell/Sabran	Lecocq
1961	Dervaux	Crochot	Lalique	Berganza	Ogéas	Millet	Belcourt	Berbié	Harbell/Macaux	Lecocq
1978	Mackerras	Copley	Lazaridis	Baker/Rhodes	Burrowes	Ross	Titus	Livingstone	Slorach/Armiston	O'Neil

Lavinia - Barraud

Années	Direction	Mise en scène	Décors	Interprètes						
				Gennaro Pasqualina	*Nunziatina Rosina*	*Stella Gemma*	*Carluccio Carmine*	*Peppino Costanzo*		
1961	Baudo	Sorano	Ganeau	Cortis Benoît	Betti Yakar	Harbell Millet	Rivoaland Dubreuil	Hamel Benoît		

L'Incoronazione di Poppea - Monteverdi

Années	Direction	Mise en scène	Décors	Interprètes						
				Poppea Nerone	*Ottavia Ottone*	*Arnalta Seneca*	*Damigella Lucano*	*Valetto Soldato*		
1961	Bartoletti	Crochot	Lalique	Rhodes Massard	Berganza Panerai	Smith Tadeo	Adani Hamel	Berbié Violier		
1964	Rivoli	Crochot	Lalique	Rhodes Massard	Berganza Meyer-Wolff	Dominguez Tadeo	Raynal Hamel	Herbe Delaunay		

Les Malheurs d'Orphée - Milhaud

Années	Direction	Mise en scène	Décors	Interprètes					
				Eurydice *Le Maréchal*	*Orphée* *Le Charron*	*Le Renard* *Le Vannier*	*Le Loup* *La Jumelle*	*Le Sanglier* *La Cadette*	*L'Ours* *L'Aînée*
1962	Dervaux	Crochot	Malclès	Duval Hamel	Massard Benoît	Linval Vessières	Spanellys Linval	Lecocq Berbié	Schooten Spanellys
1972	Dervaux	Crochot	Malclès	Lublin Hamel	Bisson Bona	Dussaut Mazo	Grima Dussaut	Proenza Cedelle	Thau Grima

Ariadne auf Naxos - Strauss

Années	Direction	Mise en scène	Décors	Interprètes					
				Zerbinetta	*Me Musique* *Arlequin*	*Compositeur* *Scaramouche*	*Bacchus* *Truffaldin*	*Ariane* *Écho*	*Naïade* *Dryade*
1963	Dervaux	Duggelin	Clayette	d'Angelo	Schöffler Kerns	Seefried Sénéchal	Uzunov Meyer-Wolff	Stich-Randall Berbié	Montoya Draksler
1966	Sébastian	Cochet	Clayette	Mesplé	Schöffler Kerns	Troyanos Hamel	Cox van Dam	Crespin Debliqui	Yakar Draksler
1985	Bychkov	Järvefelt	Hysing	Raphanel	Nentwig Dickson	Piland Gautier	Johns Courtis	Norman Dubosc	Vidal Desnoues
1986	Bychkov	Järvefelt	Hysing	Raphanel	Nentwig Baer	Piland Gautier	Johns Courtis	Falcon/Zylis-Gara Dubosc	Vidal Desnoues

Falstaff - Verdi

Années	Direction	Mise en scène	Décors	Interprètes					
				Falstaff *Pistola*	*Ford* *Alice*	*Fenton* *Nannetta*	*Cajus* *Quickly*	*Bardolfo* *Page*	
1964	Dervaux	Crochot	Henry	Ganzarolli Tadeo	Kerns Ligabue	Alva Adani	Hamel Dominguez	Andreolli Johnson	
1968	Sebastian	Crochot	Henry	Panerai Calabrese	Gottlieb Tarres	Gullino Bonifaccio	Hamel Rössl-Majdan	Andreolli Reynolds	
1971	Dervaux	Crochot	Henry	Bacquier Madalena	Howlett Barstow	Gimenez Bonifaccio	Proenza Barbieri	Andreoli Creffield	
1987	Cambreling	Pasqual	Puigserver	van Dam Luperi	Stone Madra	Dale Szmytka	Benelli Bucai	Careccia Pecchioli	

L'Histoire du soldat - Stravinsky

Années	Direction	Mise en scène	Décors	Interprètes						
				Le Lecteur	*Le Soldat*	*La Princesse*	*Le Diable*			
1965	Auriacombe	Sarrazin	Ganeau	Sarrazin	Favarel	Conti	Bousquet/Hort/ Turk/Granville/ Schunke			

Pelléas et Mélisande - Debussy

Années	*Direction*	*Mise en scène*	*Décors*	*Interprètes*						
				Pelléas	*Golaud*	*Arkel*	*Mélisande*	*Geneviève*	*Yniold*	
1966	Baudo	Dupont	Dupont	Workman	Bacquier	Zaccaria	Lublin	Reynolds	Blanzat	
1968	Baudo	Dupont	Dupont	Gui	Bacquier	Soyer	Menut	Reynolds	Blanzat	
1972	Baudo	Dupont	Dupont	Gui	Vento	Macurdy	Pilou	Taillon	Conquet	

L'Italiana in Algeri - Rossini

Années	*Direction*	*Mise en scène*	*Décors*	*Interprètes*						
				Isabella	*Mustapha*	*Elvira*	*Lindoro*	*Zulma*	*Ali*	*Taddeo*
1970	Rivoli	Grenier	Matias	Berbié	Schwanbeck	Bonifaccio	Molina	Simard	Christou	Trempont

Curlew River - Britten

Années	*Direction*	*Mise en scène*	*Costumes*	*Interprètes*						
				L'Abbé	*Le Passeur*	*Le Voyageur*	*La Folle*			
1970	Tunnard	Graham	Stubbs	Hartley	Luxon	Drake	Dickerson			

The prodigal Son - Britten									
Années	*Direction*	*Mise en scène*	*Costumes*	*Interprètes*					
				L'Abbé	*Le Père*	*Le Fils aîné*	*Le Fils prodigue*		
1970	Tunnard	Graham	Stubbs	Winfield	Drake	Luxon	Dickerson		

Beatris de Planissolas - Charpentier										
Années	*Direction*	*Mise en scène*	*Décors*	*Interprètes*						
				Beatris	*L'Évêque*	*Clergue*	*L'âme de Beatris*	*L'âme de Pierre*		
1971	Charpentier	Delouche	Sanso	Guitton	Vento	Trempont	Dubosc	Cornu		

Luisa Miller - Verdi										
Années	*Direction*	*Mise en scène*	*Décors*	*Interprètes*						
				Luisa	*Federica*	*Laura*	*Rodolfo*	*Miller*	*Walter*	*Wurm*
1974	Lombard	Lehnhoff	Zimmermann	Hayashi	Denize	Poulet	Garaventa	MacKane	Mars	Thau

La Serva padrona (La Servante maîtresse) - Pergolèse

Années	Direction	Mise en scène	Décors	Interprètes						
				Serpina	*Uberto*	*Vespone*				
1974*	Casadesus	Le Poulain	Harth	Robinson Cuccaro	Benoît	Chevalier Marsan				
1975*	Gomez-Martinez	Le Poulain	Harth	Robinson Cuccaro	Benoît	Chevalier Marsan				

* Montage avec *Le Directeur de théâtre* de Mozart.

Le Carnaval de Venise - Campra

Années	Direction	Mise en scène	Décors	Interprètes						
				Isabelle	*Léandre*	*Léonore*	*Rodolphe*	*Eurydice*	*Minerve*	*Orphée*
1975	Plasson	Lavelli	Segovia	Eda-Pierre	Soyer	Chateau	Philippe	Dupuy	Diestchy	Brewer

Elisabetta Regina d'Inghilterra - Rossini

Années	Direction	Mise en scène	Décors	Interprètes						
				Elisabetta	*Matilde*	*Enrico*	*Norfolk*	*Guglielmo*	*Leicester*	
1975	Masini	Auvray	Arnould	Caballé	Masterson	Creffield	Benelli	Dupouy	Winberg	

L'Elisir d'amore - Donizetti										
Années	*Direction*	*Mise en scène*	*Décors*	*Interprètes*						
				Adina	*Dulcamara*	*Nemorino*	*Belcore*	*Giannetta*		
1975	Jordan	Duggelin	Zimmermann	Perry	Bacquier	Littai	Nolen	Roberts		

La Traviata - Verdi										
Années	*Direction*	*Mise en scène*	*Décors*	*Interprètes*						
				Violetta	*Alfredo*	*Germont*	*Annina*	*Flora*	*Le Médecin*	*Le Baron*
1976	Plasson	Lavelli	Bignens	Sass	Littai Karczykowski	Mazourok	Ciesinsky	Phillips	Furlanetto	Trigeau

Médée - Cherubini										
Années	*Direction*	*Mise en scène*	*Décors*	*Interprètes*						
				Médée	*Glauce*	*Neris*	*Jason*	*Créon*		
1976	Baudo	Yannopoulos		Rysanek	Cuccaro	Denize	Lucchetti	Petkov		

Roberto Devereux - Donizetti

Années	*Direction*	*Mise en scène*	*Décors*	*Interprètes*						
				Elisabetta	*Roberto*	*Sara*	*Nottingham*	*Cecil*	*Raleigh*	
1977	Rudel	Fassini	Pizzi	Caballé	Carreras	Coster Marsee	Bordoni Sardinero	Philippe	Furlanetto	

Il Campanello di notte - Donizetti

Années	*Direction*	*Mise en scène*	*Décors*	*Interprètes*						
				Annibale	*Serafina*	*Enrico*	*Madame Rosa*	*Spiridione*	*Le Mime*	
1977	Weikert	Le Poulain	Harth	Dean	Robinson	Miller	Surais	Tardieu	Tomasi	

Alcina - Haendel

Années	*Direction*	*Mise en scène*	*Décors*	*Interprètes*						
				Alcina	*Ruggiero*	*Bradamante*	*Oronte*	*Morgana*	*Melisso*	*Oberto*
1978	Leppard	Lavelli	Zachwatowicz	Eda-Pierre	Berganza	Murray	Langridge	Masterson	Loup	Château

Don Pasquale - Donizetti										
Années	*Direction*	*Mise en scène*	*Décors*	*Interprètes*						
				Don Pasquale	*Malatesta*	*Ernesto*	*Le Notaire*	*Norina*		
1978	Rivoli	Thamin	Borg	Bacquier	Nolen	Rosness	Andreozzi	Robinson		

Werther - Massenet										
Années	*Direction*	*Mise en scène*	*Décors*	*Interprètes*						
				Charlotte	*Sophie*	*Albert*	*Johann*	*Werther*	*Bailli*	*Schmidt*
1979	Casadesus	Fall	Acquart	Berganza Denize	Barbaux	Frémeau	Courtis	Shicoff	Bastin	Chevalier

Porporino - (montage)										
Années	*Direction*	*Mise en scène*	*Décors*	*Interprètes*						
				Ulysse/Feliciano	*Sansevero*	*Porporino/Achille*				
1979	Weikert	Guinand	Pizzi	Bowman	Emilfork	Brewer				

Semiramis - Rossini										
Années	*Direction*	*Mise en scène*	*Décors*	*Interprètes*						
				Semiramis	*Arsace*	*Assur*	*Oroe*	*Idreno*	*Ombre*	
1980	Lopez-Cobos	Pizzi	Pizzi	Caballé	Horne	Ramey	Kavrakos	Araiza	Courtis	

Les Liaisons dangereuses - Prey										
Années	*Direction*	*Mise en scène*	*Décors*	*Interprètes*						
				Valmont	*Cecile Volanges*	*Présidente*	*Danceny*	*Marquise*		
1980	Prin	Barrat	Cauchetier	Gottlieb	Blanzat	Etcheverry	Chevalier	Jarsky		

Tancrède - Rossini										
Années	*Direction*	*Mise en scène*	*Décors*	*Interprètes*						
				Tancrède	*Aménaide*	*Isaure*	*Argirio*	*Orbazzano*	*Ruggiero*	
1981	Weikert	Auvray	Pagano	Horne	Ricciarelli	Damonte	Gonzales	Zaccaria	Nigoghossian	

Les Boréades - Rameau										
Années	*Direction*	*Mise en scène*	*Décors*	*Interprètes*						
				Alphise	*Semire*	*Polimnie*	*Amour*	*Nymphe*	*Calisis*	*Abaris*
1982	Gardiner	Martinoty	Ogier	Smith	Rodde	Bourdy	Priday	March	Aler	Langridge
				Interprètes						
				Borec	*Borilée*	*Adamas*				
				Lafont	Cachemaille	Le Roux				

Le Turc en Italie - Rossini										
Années	*Direction*	*Mise en scène*	*Décors*	*Interprètes*						
				Fiorilla	*Don Geronio*	*Zaïda*	*Poète*	*Selim*	*Albazar*	*Don Narcisso*
1982	Arena	Thamin	Noël	Lagrange	Montarsolo	Schmiege	Skram	Trimarchi	Andreozzi	Barbacini

Hippolyte et Aricie - Rameau

Années	*Direction*	*Mise en scène*	*Décors*	*Interprètes*						
				Hippolyte	*Phèdre*	*Aricie*	*Thésée*	*Pluton/Jupiter/ Neptune*	*Mercure*	*Chasseresse*
1983	Gardiner	Pizzi	Pizzi	Aler	Norman	Yakar	van Dam	Bastin	Pezzino	Argenta
				Interprètes						
				Grande Prêtresse	*Oenone*	*Matelote*	*Diane*	*Amour*	*Suivant/ Tisyphone*	
				Argenta	Hartle	Bourdy	Smith	Priday	Orliac	

La Cenerentola - Rossini

Années	*Direction*	*Mise en scène*	*Décors*	*Interprètes*						
				Cenerentola	*Clorinda*	*Thisbé*	*Don Ramiro*	*Don Magnifico*	*Dandini*	*Alidoro*
1983	Weikert	Joël	Cauchetier	Valentini-Terrani/ Damonte	Conwell	Owens	Gonzales	Capecchi	Otey	Giacomotti

Tancrède - Campra

Années	*Direction*	*Mise en scène*	*Décors*	*Interprètes*						
				Clorinde	*Tancrède*	*Herminie*	*Ismenor*	*Paix/Dryade/ Guerrière*	*Argan*	*Bergère*
1986	Malgoire	Penchenat	François	Evangelatos	Le Roux	Dubosc	Reinhart	Alliot-Lugaz	Le Maigat	Wells
				Interprètes						
				Vengeance	*Guerrier*	*Trois Magiciens*				
				Visse	Murgatroyd	Royall Murgatroyd White				

Iphigénie en Aulide - Gluck

Années	*Direction*	*Mise en scène*	*Décors*	*Interprètes*						
				Agamemnon	*Clytemnestre*	*Iphigénie*	*Achille*	*Patrocle*	*Calchas*	*Arcas*
1987	Gardiner	(concert)		van Dam	von Otter	Poschner-Klebel	Aler	Deletré	Cachemaille	Schirrer
				Interprètes						
				Une Grecque	*Une Esclave*					
				Eschenbrenner	Monoyios					

Psyché - Lully

Années	Direction	Mise en scène	Décors	Interprètes						
				Psyché	*Flore*	*Aglaure*	*Cidippe*	*Le Roy*	*Vulcain*	*Lychas*
1987	Malgoire	Penchenat	François	Monoyios	Boulin	Vidal	Baudry	Soyer	Crook	Schirrer
				Interprètes						
				Bacchus	*Apollon*					
				Tréguier	Nirouet					

Le Chevalier à la rose - Strauss

Années	Direction	Mise en scène	Décors	Interprètes						
				La Maréchale	*Baron Ochs*	*Oktavian*	*Faninal*	*Sophie*	*Marianne*	*Valzacchi*
1987	Bychkov	Richter	Fercioni	Gessendorf	Haugiland	Piland	Hornik	Barbaux	Miljakovic	Cole
				Interprètes						
				Annina	*Commissaire*	*Aubergiste*	*Un Chanteur*			
				Berbié	Saciuk	Katz	di Paolo			

Armida - Rossini									
Années	*Direction*	*Mise en scène*	*Décors*	*Interprètes*					
				Armida	*Rinaldo*	*Gernando/Carlo*	*Goffredo/Ubaldo*	*Eustazio*	Astarotte/Idraotte
1988	Masini	Fall	Didier	Anderson	Blake	Gimenez	Yamaji	Bladin	Surian

The Fairy Queen - Purcell									
Années	*Direction*	*Mise en scène*	*Décors*	Chorégraphie	*Interprètes*				
1989*	Christie	Noble	Clancy	Lancelot/Massin	Dawson	Lander	Argenta	Randle	

* Sous-réserve.

L'amour des trois oranges - Prokofiev

Années	*Direction*	*Mise en scène*	*Décors*	*Interprètes*						
				Roi de Trèfle/ Héraut	*Prince*	*Clarice*	*Léandre*	*Truffaldin*	*Pantalon/ Farfarello/ Maître de cérémonie*	*Tchélio*
1989*	Nagano	Erlo	Rapp	Bacquier	Viala	Perraguin	Le Texier	Gautier	Henry	Reinhart
				Interprètes						
				Fée Morgane	*Linette*	*Nicolette*	*Ninette*	*Cuisinière*	*Sméraldine*	
				Lagrange	Carolli	Fournier	Dubosc	Bastin	Uria-Monzon	

* Sous réserve.

Le Rouge et le Noir - Prey

Années	*Direction*	*Mise en scène*	*Décors*	*Interprètes*					
				Julien	*Mathilde*	*Mme de...*	*Elisa*	*Geronimo*	*M. de...*
1989*	Nahon	Larroche	Boisseau	David	Ross	Mazeron	Cramoin	Visse	Bona

* Sous-réserve.

AIX EN CHIFFRES, AIX PRATIQUE

Le Festival en quelques chiffres

Les manifestations

La durée du Festival s'étale, chaque année, sur quatre semaines environ, depuis la première décade de juillet jusqu'aux derniers jours du mois ou aux premiers jours d'août.

Au cours de cette période, sont présentés en alternance au moins trois spectacles d'opéra et — le plus souvent — quatre ou cinq productions nouvelles (deux en général), reprises, créations, parfois spectacles invités; chacun des spectacles est présenté quatre à cinq fois, soit une vingtaine de représentations au total. A quoi s'ajoutent une trentaine de concerts (rarement moins, parfois plus) dans les domaines les plus variés, des larges formations symphoniques et chorales aux ensembles de chambre et aux récitals de solistes, jeunes ou célèbres (cf. chapitre XII).

La fréquentation

Chaque Festival donne lieu à un nombre d'entrées qui se situe entre 40 et 45000. La plupart des spectateurs restent plusieurs nuits à Aix et assistent à plusieurs manifestations; la moyenne s'établit actuellement à trois nuits au moins et un peu plus de trois spectacles ou concerts par spectateur.

Une caractéristique du public d'Aix est sa jeunesse: plus de 60 % des spectateurs ont entre 25 et 45 ans.

Son niveau culturel est assez élevé; plus des trois-quarts du public ont fait — ou font — des études supérieures: enseignants, cadres, professions libérales...

L'origine géographique des spectateurs se répartit actuellement de la façon suivante:

• 10 à 15 % d'habitants de l'agglomération aixoise, ce qui est considérable, comparé à ce qui se passe ailleurs; l'Association des Amis du Festival joue à leur égard un rôle primordial.

• 20 % environ de la région méditerranéenne conçue au sens large (dans un rayon d'une centaine de kilomètres autour d'Aix).

• 50 % en provenance du reste de la France, avec prédominance de la région parisienne.

• 16 à 20 % d'étrangers, pourcentage susceptible de croître dans des proportions importantes, compte tenu des échos de la presse internationale et de l'éventuelle promotion de « produits » touristiques englobant l'ensemble des éléments de transport, d'hébergement et de services nécessaires.

Les modalités de l'équilibre financier

L'ordre de grandeur du budget annuel du Festival est de 30 millions de francs.

Ce budget permet d'assurer le fonctionnement de la petite équipe de gestion permanente et les frais de personnel technique, les cachets des artistes, les dépenses de production des spectacles et d'installations diverses (aménagement momentané de lieux de concerts extérieurs, par exemple), ainsi que l'ensemble des frais généraux, de la publicité et des relations publiques aux amortissements et aux frais financiers.

Les recettes du Festival — qui assurent la couverture de ces dépenses — sont de deux natures: les *recettes propres* et les *subventions.*

A — Les recettes propres (environ 65 %) se répartissent en trois grands postes:

- *La vente de places:* 30 à 35 % du budget global, soit à peu près la moitié des recettes propres.
- *Le mécénat:* 10 à 15 % du budget global; la participation des mécènes est généralement affectée, sous forme de parrainage, à la réalisation d'une manifestation particulière: production d'un ouvrage lyrique ou série de concerts. La Direction du Festival mène une politique active pour le développement de ce type de participation.
- *Les recettes annexes:* 15 à 18 % du budget global: elles comportent essentiellement les participations extérieures aux coproductions, les droits de retransmission par radio ou télévision, à quoi s'ajoutent quelques recettes mineures.

B — Les subventions (environ 35 %)

La plus forte subvention est celle de la Ville (environ 40 % du poste « subventions »), suivie par celle de l'État (environ 30 % du poste), puis celles des autres collectivités territoriales: Région et Département.

La part des subventions dans le budget du Festival apparaît particulièrement basse au regard de celles dont bénéficient les autres grands festivals internationaux.

Une gestion rigoureuse permet d'équilibrer régulièrement le budget à très peu près. Les faibles déficits qui peuvent être constatés sont couverts par le Casino municipal, au titre de la réglementation lui permettant de promouvoir ou d'aider des « manifestations artistiques de qualité ».

Le Festival... mode d'emploi

Quand et comment connaître le programme du prochain festival?

Au cours d'un festival, de premières indications sont généralement données par les dirigeants, à l'occasion d'interviews, sur les spectacles envisagés pour l'année suivante..., complétées par des bruits et informations officieux; la presse ne manque pas de s'en faire l'écho.

L'annonce officielle et complète a lieu au mois de février de l'année concernée, par deux voies simultanées:

- *Une conférence de presse* au cours de laquelle les dirigeants présentent en détail aux journalistes les spectacles, distributions et concerts prévus. La presse fournit alors l'information à ses lecteurs.
- La diffusion du *dépliant-programme* contenant les mêmes informations, assorties de renseignements sur les modalités de réservation et les prix des places, ainsi que d'un bulletin de réservation détachable; ce dépliant-programme est diffusé automatiquement par courrier aux spectateurs des années précédentes inscrits au fichier du service de location, à une cinquantaine de grands Offices de tourisme, organismes culturels et théâtres lyriques à travers la France, ainsi qu'aux grandes associations lyriques et musicales françaises et étrangères, (l'Association des Amis du

Festival — qui compte maintenant plus de mille membres — bénéficie d'une priorité de quinze jours environ, tant pour la diffusion du programme que pour la possibilité de réservation.) Il est, en outre, envoyé par courrier en réponse à toute demande écrite ou téléphonique, émanant de particuliers, agences de voyage, tour operators ou associations.

Comment retenir ses places?

Le système de réservation est intégralement centralisé (et informatisé) par le Service de location du Festival, auquel doivent être adressées toutes demandes individuelles ou collectives.

Les modalités de réservation — telles qu'elles sont indiquées dans le dépliant-programme de 1989 — sont les suivantes:

Renseignements: 16.42.23.37.81
ou 24 h/24 h: 16.42.21.14.40

RÉSERVATION:

• **Par correspondance:**
Du 27 février au 1er juillet.
Les réservations seront traitées par ordre d'arrivée au Service de location du Festival.

• **Par téléphone:**
- Du 17 avril au 30 juillet: 42.23.11.20
Jusqu'au 1er juillet: les billets seront renvoyés ou réservés selon la formule choisie, après réception du règlement, qui devra être effectué dans un délai maximum de 10 jours (au-delà, annulation systématique du dossier).
Après le 1er juillet: les billets seront réservés et le règlement devra s'effectuer obligatoirement par mandat télégraphique et seront retirés le jour du spectacle.

• **Sur place:**
- Du 17 avril au 31 mai: location au rez-de-chaussée du Palais de l'Ancien Archevêché de 9 h/12 h et de 14 h 30/18 h sauf le dimanche.
- Du 1er juin au 30 juillet: location à l'angle du Cloître Saint-Sauveur 9 h 30/13 h - 15 h 30/19 h tous les jours.

Nota 1. Des réductions sur les coûts de transport en France sont généralement consenties au public du Festival:

Air Inter: réduction de 35 % en moyenne pouvant atteindre 43 % sur certains vols dont Paris/Marseille.

S.N.C.F.: réduction de 20 %.

Formulaires adressés par le Festival: 42.23.11.20.

Nota 2. En collaboration avec l'Office du tourisme, le Festival peut aussi se charger de retenir des chambres d'hôtel en même temps qu'il assure la réservation des places (case particulière incluse dans le bulletin de réservation).

Comment « s'habiller » pour le Festival?

Sous réserve d'une tenue « correcte », la plus grande liberté règne, de la tenue légère (chemisette, blouse, pantalon, jupe d'été) aux sophistications de la mode estivale (vraies vestes ou faux smokings, à tissu moiré ou écossais, robes subtilement ou richement chamarrées, jeans ostentatoires de grands couturiers !...). Mais aucun ostracisme entre les diverses formules, sauf un soin particulier pour la soirée d'ouverture.

- *Les repas:* des restaurants de tous types abondent à travers la ville. L'Office du tourisme vous fournira — outre la liste des hôtels et la possibilité de réserver — une liste de la plupart des restaurants, en précisant ceux qui restent ouverts pour un souper après le spectacle... A vous toutes les découvertes complémentaires !

- *Un conseil aux automobilistes:* évitez d'entrer en voiture dans la vieille ville, sauf motif majeur ; vous y circulerez et stationnerez très difficilement. Utilisez les parkings situés aux abords (dont deux sont situés à moins de 300 mètres de l'Archevêché). L'Office du tourisme vous en fournira le plan... Et il est si délicieux de déambuler dans les vieilles rues d'Aix et de gagner à pied le lieu magique de l'Archevêché !

• *Pour ceux qui se trouvent à Aix sans voiture:* vous n'êtes pas limités à la découverte des — immenses — richesses que vous offre Aix-en-Provence. L'Office du tourisme, qui vous fournira toutes informations sur les monuments, églises, hôtels, musées, fondations de la ville même, organise aussi quotidiennement des promenades en car qui vous permettront d'explorer la campagne aixoise et les aspects divers de la Provence plus lointaine.

Office de tourisme:

2, place Général de Gaulle - 13100 Aix-en-Provence
Tél.: 42.26.02.93 — Télex Offitour 430466

Crédits photographiques

Agence de Presse Bernand: p. 21, p. 24, p. 29, p. 33, p. 48. p. 49, p. 58, p. 62-63, p. 64-65, p. 78-79, p. 84-85. p. 88, p. 91 *bas*, p. 101, p. 102, p. 108, p. 136, p. 137, p. 139, p. 140-141, p. 142-143, p. 157, p. 159, p. 160, p. 165, p. 166, p. 176, p. 183, p. 186, p. 187, p. 196-197, p. 206, p. 210, p. 212, p. 214, p. 216, p. 218, p. 224, p. 226, p. 232, p. 234, p. 236, p. 240. — Photos Henry Ely-Aix: p. 27, p. 38-39, p. 42, p. 47, p. 52, p. 65, p. 72, p. 77, p. 83, p. 91 *haut*, p. 103, p. 104, p. 105, p. 113, p. 130, p. 131, p. 132-133, p. 138, p. 146, p. 149, p. 150, p. 169, p. 179, p. 188, p. 189, p. 196, p. 201, p. 204, p. 220, p. 222, p. 230, p. 238. — Collection Alain Gueullette: p. 16, p. 55, p. 56-57, p. 61, p. 67 (2 photos), p. 71, p. 72, p. 80, p. 81, p. 82, p. 83, p. 87, p. 89, p. 99, p. 113, p. 145, p. 180, p. 181, p. 208, p. 228. — Photos Marc Enguerand: p. 162-163, p. 171, p. 173. — Copy. Phot. Gérard Amsellem: p. 152. — Photos Serge Lido: p. 31. — Photo Daniel Faunières: p. 121, p. 123. — Photo Pierre Danny - Nice: p. 46. — Photo de couverture: éditions René Kister, Genève, 1957.

Les photos, des spectacles antérieurs à la fin des années 1970, figurant sous la référence de l'Agence Bernand sont, pour l'essentiel, des photos réalisées par Serge Lido, à qui le Festival d'Aix doit une large part de sa mémoire iconographique.

Qu'hommage lui soit ici rendu.

Table des matières

Cet ouvrage composé
par Graphic Hainaut
à Vieux-Condé (Nord)
a été achevé d'imprimer
le 9 juin 1989 par
l'Imprimerie Tardy Quercy S.A.
à Bourges (Cher)
et relié par la S.I.R.C.
à Marigny-le-Châtel
pour le compte
des Éditions Sand
6, rue du Mail, Paris 2e

N° d'édition : 936
N° d'impression : 15252